재무심리에
답이 있다

재무심리에 답이 있다

Financial Therapy

한국재무심리센터 원장
정우식 지음

트러스트북스

부와 행복의 열쇠,
재무심리에서 찾아라

인류의 시작과 동시에 인간은 의식주 등 본능적인 욕구를 충족하기 위해 자연과 싸우고 때로는 인간끼리 싸우는 전쟁의 역사를 통해 경쟁적으로 풍요로운 삶을 추구하고 있다. 오늘날 우리 인류는 물질문명의 발달로 풍요와 혜택을 누리는 동시에 반대로 인간성, 사람됨, 건강한 정신 등을 잃어버린 채 풍요 속의 빈곤을 겪고 있다.

더 이상 돈 없이 살 수 없는 세상이다. 모든 것이 돈으로 만들어진 거대한 시스템 속에서 돈의 지배를 받고 있다. 편하고 좋은 세상을 만들기 위해 각 분야에서 연구가 진행되고 기술의 발달도 하루가 멀다 하고 혁신이라는 이름하에 진행되고 있다.

특히 IT기술의 발달은 우리의 삶에 극적인 변화를 불러와 빠르고 편리한 삶을 제공한다. 과거에는 상상도 하지 못했던 일들이다. 조그마한 손안의 스마트폰 속에 세상이 다 들어가 있다. 우리 모두가 조그만 기계에 빠져 헤어나지 못하고 있다.

또한 서 있으면 앉고 싶고 앉으면 눕고 싶은 본성을 자극하는 많은 물건과 서비스가 나오고 있다. 아름다움도 돈이면 다 해결되는 세상이고 돈이면 모든 것을 다 할 수 있다고 생각하는 사람들이 점차 많아지고 있다. 소위 돈이 지배하는 세상이다. 돈, 돈이 무엇이길래 우리는 더 많이 가지지 못해 안달일까? 더 많은 돈을 내 손에 넣을 수 있는 수많은 기법과 이론이 끊임없이 연구되는 이유는 무엇일까?

하지만 기법과 이론에 앞서, 나는 돈에 대한 마음이 우리의 삶을 풍요하게도 하고 빈곤하게도 한다는 사실을 지난 10년 이상의 연구와 사례를 통해 알게 되었다. 돈에 대한 마음을 '재무심리' 라고 정의하였다. 이제는 조직이나 개인이 조직의 재무심리나 개인의 재무심리를 모르고는 부와 성공을 가져올 수 없다는 사실을 알아야 한다.

재무심리가 무엇인지, 재무심리가 우리 삶에 어떤 영향을 미치는지 등에 대해 전반적으로 이 책을 통해 다루고자 한다. 이 책을 읽고 나면 우리의 부와 행복을 결정짓는 가장 중요한 요소이자 그동안 세상에 알려지지 않았던 '재무심리' 를 이해하게 될 것이다. 재무심리가 무엇이며, 얼마나 중요하길래 사람의 부와 행복을 결정하는 핵심 키워드인지 반드시 깨닫는 계기가 되길 바란다.

한국재무심리센터 **정우식**

프롤로그 004

CHAPTER 2
재무심리

재무심리 적용

CHAPTER 4

돈 걱정에 잠 못드는 99%를 위한 해법

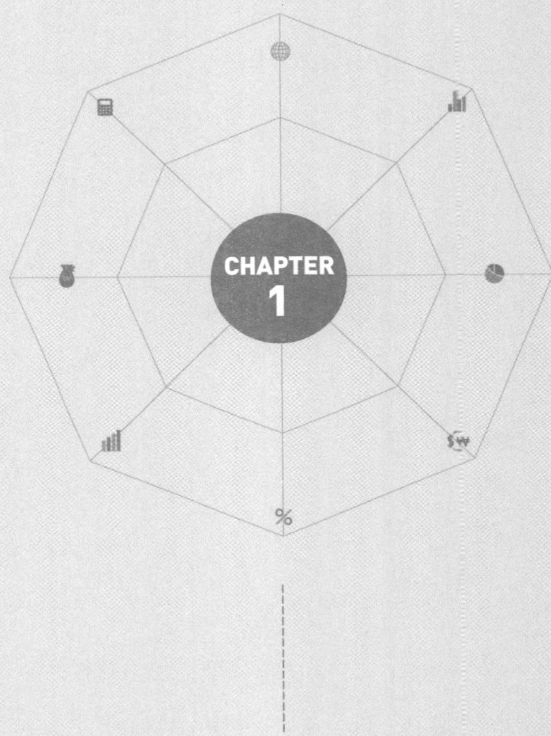

New Plus, New World!

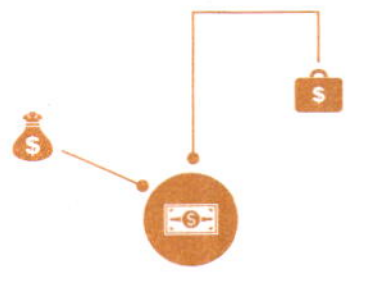

문명의 발달과 인류

인류가 탄생한 이후로 생존을 위해 사냥을 하고 농사를 짓고 환경으로부터 자신을 보호하기 위해 동굴에서부터 시작하여 점차 집을 만들고 살아왔다. 또한 편리하고 안전하고 행복한 생활을 위해 기술과 문명의 발전을 거듭해 왔다.

그 과정에서 소유 의식이 생기고 필요에 따라 물물교환에서부터 화폐까지 만들어져 경제적 도구로 사용되어 왔다.

경제의 교환수단이었던 돈은 점차 수단이 아니라 목적이 되었다. 돈은 많으면 많을수록 더 좋은 것, 더 맛있는 것, 더 크고 좋은 집에서 살 수 있고, 더 많은 행복을 얻을 수 있는 도구로 자리를 잡게 된다.

원시시대	농경시대	산업시대	자본주의	물질만능주의
의식주 중심	의식주 중심	물질적 풍요 대량생산 경쟁 과학적 관리	물질적 풍요 대량생산 경쟁 과학적 관리	물질적 풍요 대량생산 경쟁 최첨단 경영기법 IT / 세계화
씨족 생활	씨족 공동체생활 협동/두레/계	도시화 가족의 분리 Hedonic/ Utilitarian	도시화 가족의 분리 Hedonic/ Utilitarian	세계화 가족의 붕괴 심화 Hedonic/Utilitarian 다양한 욕구의 개발 및 심화

현재는 물질만능주의에 빠져 돈이 지배하는 세상이라고 해도 과언이 아니다. 모든 성공과 행복의 척도가 돈이 될 만큼 그 위력이 대단하다. 이러한 문명의 발달로 우리의 육체적인 삶은 편해지고 빨라졌지만, 반면 인간의 정신은 더욱 황폐해지고 영혼은 죽어가고 있다. 건강한 정신은 건강한 육체를 가져오고 삶 자체를 균형 있게 만들지만, 병든 마음은 육체를 병들게 하고 자신과 타인까지도 망치게 한다.

정신과 마음의 병이 유행하자, 이를 치유하는 힐링healing이 유행처럼 번지고 있다. TV에서도 힐링 프로그램이 방영되고, 산업 각 분야에 힐링이 적용되고 있다. 마음치유 및 수련을 위해 선사나 기도원 등을 방문하기도 하고 각종 요가나 명상프로그램에 참가하기도 한다. 마음에도 여러 가지 마음이 있다. 특히 돈에 대한 마음이 따로 있다는 것을 알아야 한다. 재무심리에서는 돈에 대한 마음에 집중한다. 이 돈에 대한 마음이 상처받고 병들면 자신과 남까지도 돈 문제로 인해 파멸시키는 결과를 가져온다.

자기 자신과 가정의 경제를 건강하고 부유하게 하기 위해서는 돈에 대한 마음을 건강하게 만드는 것이 최우선의 과제이다. 개개인이 돈에 대한 마음을 건강하게 하는 것은 바로 세상을 돈의 문제로부터 지키고 건강하게 만드는 최선의 방법이다. 이러한 측면에서 볼 때 재두심리를 건강하게 만들 수 있도록 진단하고 치료하는 재무심리 상담은 아주 중요하며 시대적 소명이라 할 수 있다.

돈과 인간

재무심리를 이해하려면 우선 인간과 돈의 관계를 명확히 설정해야 한다. 건강한 재무심리는 돈을 정확하게 알고 건강하게 다룰 수 있는 능력의 척도이기 때문이다.

먼저 하나 묻겠다. 사람이 돈과 관계를 맺는 시점은 언제부터인가? 태어나면서부터일까? 아니다. 사람이 돈과 관계를 맺는 시점은 태어나기 전부터다. 인간은 태어나기 전부터 죽은 이후까지도 돈과 철저하게 관련을 맺고 있다. 그 질긴 인연에 놀라지 않을 수 없다. 단순히 태어나서 사는 동안만의 문제가 아닌 것이다.

우리는 태어나기 이전에 어머니 뱃속에 있으면서 돈을 쓴다. 이미 마이너스를 만들어내고 있다. 부모님은 곧 태어날 아기를 위해 병원도 가고 출산준비도 하면서 비용을 쓴다. 출생 이후 독립하기 전까지 부모님의 도움으로 살다가 독립한 이후에는 스스로 벌고 쓰며 살게 된다. 죽은 이후에는 자녀들에게 돈을 물려주기도 하지만 오히려 빚을 물려주기도 하고 장례비나 제사 때문에 자녀나 후손들이 돈을 쓰게 만든다. 그러므로 우리 인간은 마이너스에서 시작해서 마이너스로 끝나는 인생을 살아간다. 그래서 본능적으로 저축하기보다 쓰기를 좋아하는 것이다.

이렇듯 우리 인간은 돈과 떼려야 뗄 수 없는 관계를 맺고 있다. 그러므로 돈을 제대로 알지 못하면 우리 인생은 돈에 끌려다니고 고통 받을 수밖에 없는 것이다.

재무심리를 알기 전에
반드시 알아야 하는 돈에 대한 사실

재무심리의 건강 유무를 결정하는 요인은 바로 '돈을 얼마나 알고 있냐'이다. 돈을 단순히 생활의 수단 정도로 아는지 아니면 돈이 인생의 전부인 것처럼 최고의 가치로 알고 있는지, 아니면 좋은 것인지 나쁜 것인지 등 돈에 대한 다양한 인식이 재무심리 건강을 결정짓는다.

돈은 애완동물이 될 수도 있고 굶주린 사자가 되기도 한다

돈을 잘 알고 잘 다루면 기쁨과 즐거움을 주는 애완동물이 되지만 방심하여 관리를 잘못하면 우는 사자처럼 내 인생을 송두리째 삼켜 파멸로 끌고 가기도 한다. 건강한 재무심리를 가지면 돈을 애완동물로 만들 것이며 건강하지 못한 재무심리를 가지면 결국 돈으로부터 엄청난 상처를 받고 고통 받게 되는 것이다. 건강한 재무심리를 갖기 위해서는 다음과 같은 돈의 10가지 속성을 제대로 알아야 한다.

돈의 10가지 속성

돈은 살아있는 생명체다

언뜻 보기에 돈은 지갑 속의 지폐나 동전, 은행 계좌에 찍혀 있는 단순한 숫자로 보이며 죽어 있는 것처럼 보이지만, 사실은 살아서 움직이는 생명체와 같다.

발이 달린 돈은 돌고 돌면서 사람의 감정과 행동을 좌지우지하며, 인생 전체를 지배한다. 사람들은 돈은 움직이지도 않고 우리를 공격할 수도 없다고 생각하기 때문에 돈의 공격에 미리 대비하지 않는다. 그래서 속수무책으로 당하는 것이다.

돈은 중독성이 있다

돈은 미끼를 던져 자신에게 계속 빠지게 만든다. 돈 버는 재미, 돈 쓰는 재미, 돈 불리는 재미. 균형을 잃고 한쪽으로 빠지다 보면 중독증에 걸려 헤어나올 수 없게 된다. 돈 맛을 잘못 들여 한번 중독이 되고 나면 몸이 썩어가도 계속하여 돈을 섭취하려고만 한다.

돈은 속이는 속성이 있다

"돈이 거짓말하지 사람이 거짓말하느냐?" 맞는 말이다. 돈은 사람의 귀에 달콤한 감언이설을 늘어놓는다. 돈은 인간의 욕심을 부추기고 서로 속이고 거짓말하게 하여 파멸케 한다. 돈은 자신의 좋은 점을 부각시키고 쉽게 얻을 수 있는 것처럼 사람들을 속여 도박, 로또, 경마, 경륜 등에 빠지게 한다. 그래서 결국 인간을 파멸시킨다.

사람들은 그것도 모르고 돈을 향해 물불을 가리지 않고 돌진한다. 돈만 많아진다면 행복해질 것만 같다고 믿는다.

돈은 자기성장을 한다

돈은 성장하는 생명체다. 돈의 성장에는 두 가지가 있다. 돈을 저축하거나 투자를 하면 이자나 수익이 발생하여 성장하게 된다. 이는 정상적인 성장이다.

그러나 비정상적인 성장도 있다. 대출이자는 내가 은행에 돈을 맡겼을 때보다 항상 크다. 사채의 경우에는 성장 속도가 눈덩이처럼 빨라진다. 돈은 기형성장을 통해 인간을 힘들게 하고 멸망시킨다.

돈이 정상적으로 성장하게 하려면 일정 궤도를 벗어나게 해서는 안 된다. 정상궤도를 벗어나는 순간, 당신의 인생 전체가 블랙홀에 함께 끌려들어간다. 이후에는 빚더미에 앉아 평생을 돈의 노예로 살아가야 한다.

돈은 소비지향적이다

돈은 밖으로 나가려는 속성이 있어서 저축으로 묶어두기는 어려우나 소비로 날리기는 쉽다. 소비를 하면 할수록 욕구가 늘어나 걷잡을 수 없이 커진다. 돈이 생기면 사람들은 '어디에 쓸까'부터 고민한다. 저축은 소비가 끝난 후 마지막 단계에서 마지못해 하는 행동이다. 이처럼 돈은 소비하기 시작하면 마치 휘발유처럼 빠른 속도로 증발하는 속성을 지니고 있다.

돈은 부패성을 가지고 있다

돈은 고이면 부패하는 속성을 가지고 있다. 돈은 자신을 많이 가진 사람을 교만하게 만들고, 음란 방탕하게 한다. 자식들을 망치게도 한다. 끝을 모르고 돈을 좇다 보면 인간성이 완전히 상실되고 만다. 돈을 움켜쥐고 놓지 않으면 동맥경화를 일으켜 자신도 남도 다 죽게 만든다. 돈은 강처럼 흐르면서 건강하게 순환되어야만 썩지 않는다.

돈은 방심하면 반드시 보복한다

돈 거래에 있어서 발생하는 계약서, 권리채무 관계, 보증 관계 등을 세밀히 살펴보지 않고 진행했다가는 엄청난 손해와 함께 가정이 무너지는 아픔을 겪을 수도 있다. 돈 문제는 복잡할수록 세밀하게 해결해 나가야 한다. '어떻게 되겠지' 라는 생각으로 미루기만 하면 반드시 엄청난 대가를 치러야 한다. 이자 연체, 카드 연체, 빚 문제 등을 방치했다가는 돈의 역습에 의해 인생이 꼬이고 만다.

돈은 자신을 맹신하게 한다

돈은 '돈이면 안 되는 것이 없다' 고 인간을 부추기고 돈을 맹목적으로 추구하게 만든다. 그 결과 인간들이 자신을 숭배하게 하고, 맹목적으로 추종하게 만든다. 돈이 되는 일이라면 물불을 안 가리고, 옳고 그름을 따지지 않고 일단 저지르게 만든다. 돈을 버는 일이라면 어떤 짓을 해도 괜찮다는 생각을 머릿속에 주입한다. 그래서 세상에 온갖 죄악이 난무하게 만든다. 돈은 곧 권력이요, 돈이 많을수록 사람 앞에 군림할 수 있다고 믿는다. 반대로 돈이 없어지면 내가 지금 누리고 있는 관계, 자존심, 파워 등이 모두 무너질 수 있다는 불안감이 엄습한다. 돈이 곧 '나' 라는 잘못된 생각이 낳은 결과이다.

돈은 독이고 병원균이다

돈은 조심스럽게 다루지 않으면 인간을 죽음으로 가게 하는 독이고 병원균이다. 실제 사람끼리 돈을 주고받으면서 많은 병원균들에 전염된다. 돈은 강력한 독성으로 나를 죽이기도 하지만, 전염성이 높아 내 가족과 직장, 조직으로 빠르게 퍼져나가기도 한다. 돈의 독성이 전염되는 순간 인간관계는 변질되고 만다.

돈을 중심으로 형성된 인간관계는 결국 돈의 강한 독성에 의해 쉽게 파멸된다. 그리고 돈으로 맺어진 관계는 결코 오래갈 수 없다.

돈은 파괴 본능을 가지고 있다

돈은 모든 인간관계를 파괴시키고 멸망시킨다. 부모 형제 친구까지도 살인하게 한다. 평화롭고 인심 좋던 시골마을에 토지보상금이 지급되는 순간 한바탕 난리가 나고, 이웃끼리 멱살잡이가 시작된다.

사람의 목숨보다 돈이 먼저다. 양을 백 마리 가진 부자가 양 한 마리로 근근이 살아가는 사람의 것을 빼앗는다. 가난한 사람의 한 마리 양을 탈취하는 행동을 삶의 파괴로 인식하지 않고 단순히 경제논리로만 생각한다.

인간의 본성

서 있으면 앉고 싶고, 앉으면 눕고 싶고, 누우면 자고 싶다

인간에게는 게으른 본성이 자리잡고 있어서 조금이라도 편하게 살고 싶은 마음이 지배한다. 일부러 고통 받고 힘들기를 바라는 사람이 있겠는가? 하지만 이러한 본성이 얼마나 강하냐에 따라 행동 퍼턴이 달라지고 인생이 달라진다.

이러한 본성을 자극할수록 상품은 잘 팔리게 되고, 이러한 본성을 채워주는 기술이 하루가 멀다 하고 혁신적으로 발달하고 있다. 그래서 우리는 손 하나 까닥하지 않고 살 수 있는 세상으로 가고 있는 것이다. 이러한 본성을 추구하다 보면 결국에는 식물인간처럼 꼼짝 않고 살기를 바라는 우리 자신을 만나게 될 것이다.

이러한 본성을 충족시키기 위해 현대 물질만능주의에서는 더 많은 돈이 필요하다. 그래서 본능적으로 돈을 좇게 되는 것이다. 이러한 본능이 얼마나 절제되는가에 따라 건강한 삶과 돈에 대한 균형감을 가질 수 있게 된다.

우리는 누구나 예외 없이 3개의 통을 가지고 산다.

첫 번째는 음식의 통이다, 무엇을 먹고 마시는가를 관장한다. 두 번째는 운동과 활동의 통이다. 어떤 활동을 하고 움직이는가를 관장한다. 세 번째는 정신과 영혼의 통이다. 어떤 생각과 무엇을 보고 듣는가를 관장한다.

이 세 가지 통의 역학관계를 통해 자신의 모습이 결정된다.

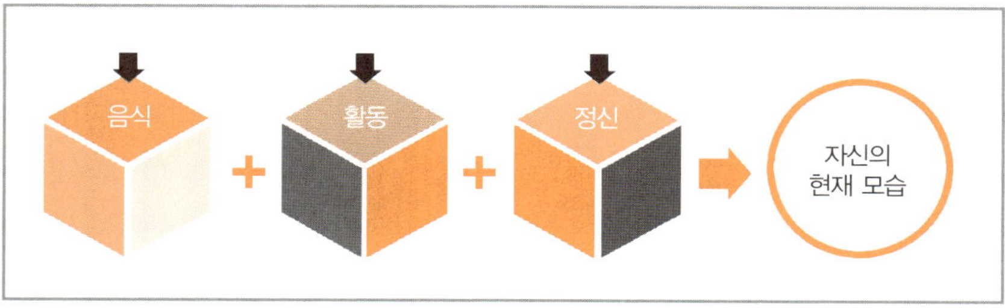

무엇을 먹고 마시며, 얼마나 움직이는지 그리고 머리에 어떤 생각을 가지고 사는지가 당신의 현재 모습을 만들었다는 사실을 알아야 한다. 만약 절제 없이 우리의 본성에 따라 먹고 싶은 것을 다 먹고, 손 하나 까딱하지 않고, 아무 생각 없이 컴퓨터 게임만 한다면 당신의 모습은 어떨지 상상해 보라. 건강한 S라인이나 보기 좋은 복근보다는 비만이나 일그러진 자신의 모습이 나타날 것이다

이처럼 세상은 우리를 본성에 따라 살도록 유혹한다. 돈만 있으면 본성

을 마음껏 누릴 수 있다. 그래서 사람들이 돈 돈 하는 것이다. 하지만 옆의 그림처럼 돈이 많다고 하여 본성대로 산다면 건강과 거리가 먼 삶을 산다는 것을 알게 되었다. 반면 서 있으면 앉고 싶고 앉으면 눕고 싶고 누우면 자고 싶은 본성을 거꾸로 하면 건강과 아름다움도 생기고 돈도 생기는 것이다.

대중교통, 헬스장 등 폐쇄된 공간에서의 운동보다는 조깅과 등산 등 자연친화적 운동이 필요하겠다. 또한 정신건강을 위해 스마트폰에서 잠시 벗어나 명상이나 눈을 감고 생각하는 시간이 필요하고, 시끄럽거나 슬픈 음악보다는 아름다운 음악을 듣는 것이 필요하다.

당신이 혹은 당신의 배우자가 임신을 했다면 어떤 음악과 어떤 영화를 보는 것이 좋을까? 시끄럽고 우울하고 슬프고 파괴적인 음악이 아니라 새소리 물소리 등 아름다운 음악을 듣지 않을까? 칭얼대는 아기를 달래기 위해 스마트폰으로 동영상을 보여주는 부모들을 볼 때면 아찔함이 느껴진다. 아기의 머리에 무엇을 넣고 있는지 그것이 어떤 영향을 주는지 모르기 때문에 무심코 하는 행동이리라.

이처럼 우리 인간은 어떤 것을 먹고 어떤 활동을 하고 정신건강을 위해 무엇을 보고 배우는지에 따라 자신이 변하고 자신의 자녀가 변한다는 사실을 직시해야 한다. 그래서 3개의 통 관리가 중요하다.

놀고먹으려는 거지 근성

게으른 본성이 나를 얼마나 지배하는지에 따라 재무심리가 병들고 그 결과 옳지 않는 재무행동으로 가진 돈을 모두 탕진하거나 아예 돈을 벌지 않고 평생 남에게 의존하며 살 수도 있다. 건강한 재무심리를 위해서는 이 거지 근성을 하루빨리 버려야 한다.

나는 대학에서 강의를 하다가 가끔 학생들에게 다음과 같은 질문을 한다.

"어떻게 하면 돈 안 벌고 편안하게 살 수 있는가?"

학생들의 대답은 나의 예측범위에서 크게 벗어나지 않는다. 첫 번째 로또 당첨이라고 한다. 두 번째는 부모로부터 받은 상속재산이다. 세 번째는 돈 많은 배우자, 네 번째는 출가(出家)하면 된다고 한다. 다섯 번째는 노숙자라고 대답한다.

이 대답 속에 놀고먹으려는 우리의 본성, 즉 거지 근성이 자리잡고 있음을 엿볼 수 있다. 나는 학생들에게 반문한다. 로또를 사는 것은 자기 마음이지만 당첨되는 것은 로또 마음이다. 그리고 아버지가 재산이 많은지, 자신이 돈 많고 능력 있는 배우자(여자든 남자든)를 얻을 수 있는 준비가 되어 있는지, 그리고 세상을 등지고 출가하고 싶은지, 마지막으로 노숙자가 되고 싶은지를 물어본다.

이 질문에 "예스"라고 자신있게 대답하는 학생은 거의 없었다. 결국 '돈 안 벌고 놀고먹을 방법은 없다' 는 결론에 도달하게 된다. 일 안하고 힘들이지 않고 놀면서 살고 싶지만 놀고먹을 수 없으니 일을 해야만 하는 것이다.

기왕 일을 해야만 한다면 즐겁게 하는 것이 옳지 않은가?

그런데 왜 우리는 일하기 싫어하고 짜증내고 인상 쓰면서 살아가는 것인가? 남들은 나보다 편하고 쉽게 돈을 버는 것 같은데 나만 힘들게 일하는 것 같기 때문이다. 그래서 오히려 부자들을 저주하고 나쁜 사람들이라는 잘못된 고정관념을 갖는다. 결국 스스로를 부자가 될 수 없는 사람으로 만들어가고 있다. 편하고 쉽게 돈을 번다고 생각되는 사람에게 가서 물어보라. 정말 쉽게 돈을 벌고 있는지? 미친 사람 취급을 받지 않으면 다행이다.

그들은 보이지 않지만 악착같이 노력하고 또 노력하여 현재 그 위치에 있는 것이다. 그것을 인정할 때 당신도 그 위치에 갈 수 있는 것이다. 우아해 보이는 호수 위의 백조가 물속에서 발을 바삐 움직이듯, 부자들은 사람들이 보지 못하는 곳에서 부지런히 땀을 흘리고 있다.

인생의 성공과 부자의 비결은 내 안에 있는 게으르고 편하게 살고 싶은 거지 근성을 어느 정도 절제하고 균형감을 유지하느냐에 달려 있다.

소비심리를
자극하는 환경

오늘날 우리는, 우리의 눈을 자극해 소비를 조장하고 끊임없이 쾌락을 추구하게 만드는 시대를 살아가고 있다. 방방곡곡에 시시때때로 우리의 지갑을 열려는 시도가 이어지고 있다. 조금만 방심해도 나도 모르게 그 유혹에 빨려들 수밖에 없다.

마케팅 기술의 발달

눈에 잘 띄는 곳, 하늘과 땅, 땅속과 바다 위 등 사람이 다니는 모든 곳에 여지없이 광고가 넘친다. 달리는 버스, 비행기, 지하철, 여객선 곳곳에 붙은 광고가 소비자를 유혹한다. 우리가 보고 듣고 즐겨 찾는 TV, 라디오,

인터넷도 마찬가지다.

광고란 사실 소비자에게 필요한 제품정보이고 유익한 정보다. 결코 나쁘다고 말할 수 없다. 그렇다고 모든 사람들이 동일하게 그 가치에 반응할 필요는 없다. 하지만 마케팅 기법의 발달로 많은 사람들이 반응하지 않아도 되는 제품에 유혹되어 충동구매를 하고 이는 과소비로 이어진다.

광고란 기업이 판매촉진의 수단으로 삼는 정당한 활동 중의 하나이며, 기업은 자신이 만든 제품을 남김없이 많이 팔아야 하기 때문에 기업의 입장에서는 적극적으로 자사상품을 알려야 하며, 이때 고객의 경제사정은 알 필요도 없다.

현재 가장 인기 있는 판매 채널 중의 하나인 TV홈쇼핑을 보자. 홈쇼핑은 중소기업이나 때로는 대기업의 입장에서 자신의 제품을 경쟁력 있는 가격에 대량으로 한꺼번에 소화할 수 있는 아주 매력적인 판매채널이다. 그래서 기업들은 경쟁적으로 홈쇼핑에 자사제품들을 노출시켜 판매하려고 한다.

홈쇼핑 매출에 지대한 영향을 주는 사람이 쇼핑호스트다. 이들은 제품의 정보와 함께 이 제품을 사야 하는 이유를 귀가 솔깃하게 들려준다. 그리고 최신 방송기술이 결합되어 '마감임박, 초특가' 라는 카피와 함께 제품정보가 화면을 채우면, 시청자들은 나도 모르게 지갑에서 신용카드를 꺼내게 된다. 물론 좋은 제품을 좋은 가격에 살 기회가 되기도 한다. 문제는 꼭 필요해서가 아닌 미리 사두자는 심리가 발동된다는 데 있다. 그러다 보니 사놓고 쓰지 않는 물건이 집안 곳곳에 쌓인다. 충동구매 과소비의 결과인 것이다.

쇼핑호스트 중에 '완판녀' 라는 별명을 가진 전설적인 세일즈의 달인이 있다. 그가 나오면 제품이 순식간에 동이 난다. 그는 그 능력을 인정받아

고액연봉을 받고 회사는 매출의 증대로 기업 이익이 증대하고 공급업체는 대량판매를 통해 재고부담을 줄이고 자금회수에 큰 역할을 하기 때문에 소비자를 제외한 모두에게 아주 중요한 사람이다.

하지만 우리는 때때로 눈을 감고 홈쇼핑채널을 넘어가는 지혜가 필요하다. 결국 내 돈을 지킬 수 있는 사람은 나 자신뿐이다. 완판녀에게 "고객님, 지나친 충동구매는 가정경제에 큰 위험을 가져옵니다"라는 멘트를 기대해서는 안 된다. 그들의 임무는 파는 것이기 때문이다.

심리와 마케팅과의 결합

고객의 심리를 이용하여 제품을 팔려는 심리기법이 마케팅에 적용되고 있다.

고객의 과시욕을 부추긴다

자동차, 집, 명품 등 고가품을 소유하여 남들에게 과시하고 싶은 고객의 심리를 자극한다. 각종 고가 브랜드들의 마케팅 전략이다. 이들 제품에는 PRESTIGE, NOBLE, ROYAL 등의 단어들이 단골처럼 등장한다.

부화뇌동 심리를 이용한다

구매를 주저하는 사람들에게 "이만큼 많은 사람들이 이미 샀으니 빨리 사세요. 지금 사도 늦은 편입니다. 서두르세요…"라는 말로 유혹하며, 연예인 OO가 산 제품, OO가 드라마에 입고 나온 옷 등이라고 소개한다. 고객 스스로가 구매를 추종하도록 만드는 것이다.

소속감을 자극한다

어느 집단이나 계층에 속하려면 이 정도는 가져야 한다는 식으로 소속의 욕구를 자극하여 구매를 유도한다. 불가능한 경제여건에도 불구하고 그 집단이나 계층에 속하고 인정받으려고 구매행등을 하게 된다.

9900원의 심리

9900원과 1만원을 두고 볼 때 "에이, 100원 차이밖에 안 나는데…"라고 할 수 있지만 9900원과 1만원은 심리적으로 큰 차이를 가져온다. 9900원 은 천 원대이고 1만원은 단위가 만원으로 느껴져 100원 차이지만 실제보 다 큰 차이로 느껴진다. 9를 활용한 심리마케팅이다.

본능을 자극하는 마케팅

편하게, 재미있게, 즐기며…. 앞서 언급한 인간의 본성을 자극하여 구매 를 하도록 하는 마케팅을 말한다. "열심히 일한 그대여 떠나라! 인생 뭐 있 어? 즐기며 살아! 노세 노세 젊어서 노세!" 이러한 광고 카피는 본능에 소 구하는 마케팅의 일환이다.

  이외에도 수많은 심리적 분석을 통해 1대1 마케팅기법까지 개발되고 적용되고 있다.

05
재무테라피 시대 도래

건강하고 행복한 삶을 살기 위해서는 돈만 많아서 되는 일이 아니다. '돈'과 '건강한 돈'의 마음이 조화롭게 공존할 때 진정으로 행복한 삶을 살 수 있고 많은 사람들에게 선한 영향력을 끼치는 아름다운 부자가 될 수 있는 것이다.

우리는 주위에 돈은 많지만 그 돈으로 인하여 가정이 무너지고 자녀가 망쳐지는 경우를 종종 목격한다. 한편으로는 돈 없이 평생을 끌려다니며 고통 받는 사람들도 많다.

이처럼 돈은 너무 많아서 삶을 불행하게 만들기도 하고 또는 너무 없어서 자신뿐만 아니라 가족까지도 고통 받게 한다. 이러한 돈의 폐해를 사전에 막고 돈으로 상처 난 마음을 치료하기 위해 재무테라피Financial Therapy가 절실히 필요한 때이다.

재무테라피란?

재무에도 건강의 시대가 왔다. 이를 다른 말로 Financial Health라고 한다. 재무테라피란 돈의 외적인 측면과 돈의 내적인 측면을 동시에 관리하여 재정의 안정과 건강한 삶을 살 수 있도록 도와주는 것이다.

돈의 외적인 측면은 부(富)의 양 즉 돈의 양을 관리하는 것이고, 내적인 측면은 사람의 돈에 대한 마음 즉 재무심리를 진단하고 치료해주는 것을 말한다.

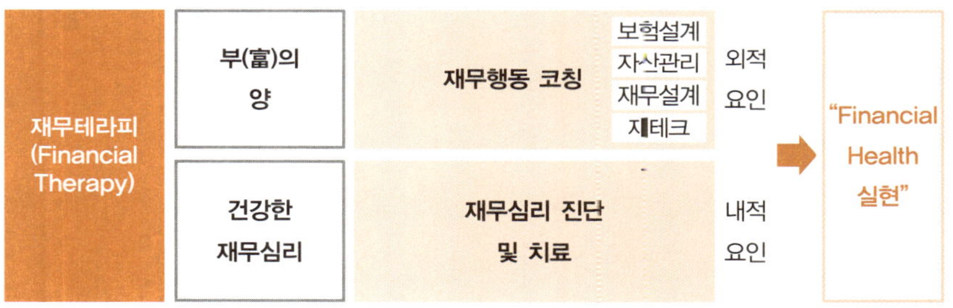

지금까지 우리는 돈의 외적인 부분에만 치중해 왔다. 말 그대로 재무적인 면이나 금융서비스 등이다. 그래서 어떻게 하면 돈을 많이 벌고 어디에 투자해야 하는지 등 각종 테크닉적인 측면에서의 조언을 받아왔다. 그조차도 대다수는 불확실하고 신뢰할 수 없는 방법론이 주를 이룬다.

하지만 재무테라피는 우선 재무심리의 건강상태를 확인하고, 필요 시 처방과 치료를 하고 자신의 재무심리로 인해 발생한 문제, 아니면 발생이 예상되는 문제에 대해 가장 확실하고 안전하게 대처할 수 있도록 재무행동을 코칭하는 것을 동시에 진행한다.

재무테라피는 단순한 부의 증대가 목적이 아니라 재무의 건강Financial Health이 목적이다. 단순히 돈 많은 부자가 아닌 아름답고 건강한 부자를 목표로 하며, 이는 재무테라피의 핵심 개념이다.

아름다운 부자 vs 돈만 많은 부자

기존의 돈 관리는 돈의 양에만 관심을 가지고 최선의 방법으로 돈을 벌고 관리하고 재테크나 투자 등으로 부를 증대시키고, 때로는 증여나 상속설계를 통하여 절세를 하는 것이 최우선 목표였다. 그 이후 아름다운 부자가 되든지 돈만 많은 부자가 되든지 개입하지 않는다.

반면 재무테라피는 돈도 당연히 많이 소유하도록 하는 동시에 건강한 재무심리를 통해 나눔을 생활화하는 삶을 살도록 돕고, 부자가 되어도 남을 배려하고 기부하는 아름다운 부자를 만든다는 데 큰 차이가 있다.

예를 들어 세계적인 갑부인 빌 게이츠나 워런 버핏 등을 보라. 전 재산을 세상에 기부하는 빌 게이츠는 우리나라 회장님들과는 비교가 안 될 정도로 돈이 많지만 그들보다 건강하고 아름다운 재무심리를 가지고 있어 존경받는 거부로 부자들의 귀감이 되고 있다.

파이낸셜 테라피(Financial Therapy) 소개

파이낸셜 테라피는 2009년 미국에서 FTA(파이낸셜테라피 협회)가 발족되면서 활발하게 부각되고 있는 분야로 기존 Finance부문에서는 양적인 관리를 위주로 하여 자산관리, 재테크, 재무설계 등의 서비스가 주를 이루었다. 다시 말해 Wealth(부) 자체에 관심을 가져 부의 증대, 절세, 효율적 자본 배분 등의 기술적 부분에 치중한다. 하지만 부를 증대하려는 노력에도 불구하고 결과가 만족스럽지 못할 뿐 아니라 목표를 달성했다 하더라도 또 다른 인간성 상실 문제가 대두된다. 이에 많은 연구가들이 Finance 내적인 부분에 관심을 가지게 되고 이 부분이 외적인 부분과 함께 다루어져야만 건강한 재무활동을 통해 건강한 삶을 살 수 있다는 데 중심을 맞추기 시작했다. 따라서 이제는 단순한 부의 증대가 아니라 Financial Health로 그 중심이 옮겨 가는 추세다.

요약하면 파이낸셜 테라피Financial Therapy는
1. 인간의 돈에 대한 생각, 태도, 신념 등을 건강하게 변화 내지 치료하는 예방적인 치료를 통해 돈 문제의 발생을 줄이고
2. 이와 동시에 이미 돈의 문제로 심리적으로 고통 받는 사람들을 치료하는 전문 영역이다.

왜 파이낸셜 테라피가 필요한가?

예방적 차원의 필요성

Fact 1 행동은 생각에 의해 좌우되고 생각은 환경으로부터 고착화된다

잘못된 행동은 잘못된 믿음, 생각 등에서 일어난다. 따라서 돈에 대한 잘못된 생각, 믿음은 우리의 건전한 재무 결정을 방해하여 파괴적인 결과를 가져오게 한다. (잘못된 투자 결정, 무계획적인 소비, 과소비, 저소비, 도박, 저장증, 충동구매)

Fact 2 연극/영화의 배우들이 대본Script에 따라 움직이듯이 인간은 자신이 가지고 있는 Money Script에 의해 재무적 결정을 내린다(Money Script: 돈에 대한 생각, 믿음, 태도).

Money Script는 어릴 때부터 주위환경(부모, 친지, 영향력 있는 인물, TV)으로부터 보고 들으면서 자신도 모르게 내면의 세계에 고착화된다.

Fact 3 우리는 Money Script가 있는지도 모르고 산다

Money Script가 무의식 속에 자리잡고 있어 존재 자체를 인식하지 못한다.

개인의 안정적인 삶과 풍요로운 삶을 위해서는 자신의 무의식 속에 존재하는 Money Script를 알아야 하고 그 중 파괴적이거나 잘못된 Money Script를 파이낸셜 테라피를 통해 건강하게 바꿔야만 한다.

① 파이낸셜 테라피(Financial Therapy) 치료의 주요 영역

돈에 대한 잘못된 가치관과 재무심리로 인해 스스로 통제할 수 없는 재무장애나 행동들을 치료하는 것이 Financial Therapy의 주요 치료 영역이다.

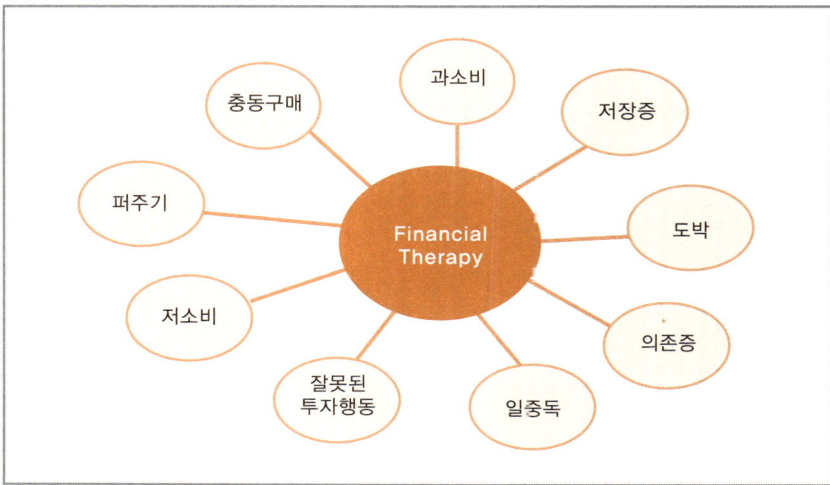

"돈 문제에 대한 스트레스가 정신적, 육체적 병을 가져온다. 돈 문제에 대한 스트레스Financial Stress 해소 및 치료가 건강한 삶의 필수요소다."

- 돈 문제로 배우자와 다투십니까?
- 빚 때문에 고통 받고 있습니까?
- 앞으로 돈을 충분히 못 벌 것 같아서 걱정이십니까?
- 더 많은 돈을 가져야만 앞으로 살아가는 데 안심이 된다고 생각하십니까?
- 돈을 많이 가진 것에 대해 죄책감을 느끼십니까?
- 자주 과소비를 하고 그것 때문에 자책하십니까?
- 미래를 위해 저축하고자 하는 마음은 있어도 실행이 안 되십니까?
- 다른 사람(부모, 친지, 형제, 친구, 지인)에게 돈을 의지합니까?
- 남에게 돈을 주어야만 한다(기부나 선행)고 느끼십니까?
- 돈에 대해서 똑같은 실수를 반복적으로 범하십니까?
- 아무리 벌어도 항상 돈이 부족합니까?
- 돈 문제로 불안하고 우울증을 겪고 있습니까?
- 돈으로부터 자유롭고 싶습니까?
- 돈을 적게 벌어 항상 가족에게 죄책감을 느끼십니까?
- 돈이 없어질까 봐 전전긍긍하십니까?
- 돈을 쓰는 것이 너무 마음이 아파 쓰질 못하십니까?
- 돈 문제로 현재 정신적 고통을 받고 있습니까?
- 돈 문제로 삶의 희망을 잃고 자살충동을 느끼십니까?
- 자녀에게 건전한 소비습관과 경제관념을 심어주길 원하십니까?

▼

돈 문제에 대한 스트레스 치료

전문가의 협업을 통한 치료

정신과의사	심리치료사	재무전문가

 **재무심리 TIP**

돈이 부족하면 예상했던 기간보다 훨씬 오랜 기간 동안 고통스러운 인생을 살아야 할지도 모른다. 반대로 돈의 속성을 잘 이해하고 미래를 준비한 사람에게 인생은 돈 걱정 없는 즐겁고 행복한 여행이 될 것이다. 이처럼 돈은 평생 우리를 따라다니면서 행복과 불행을 갈라놓는 기준점으로 작용한다. 마이너스로 가득한 우리의 인생을 어떻게 하면 플러스로 채우며 살아갈 것인가. 플러스에 집착하지만 정작 마이너스로 점철된 인생을 사는 보통의 삶을 넘어, 플러스에 집착하지 않으면서도 마이너스 걱정 없이 사는 법을 익혀야 한다. 그 출발점이 바로 재무심리를 이해하는 것이다. 이후 자신의 부족한 부분을 채워가야 한다.

당신의 돈 문제, 심리 상담으로 해결

과소비·일중독·지나친 절약…
심리학으로 접근해 풀어나가

언제 닥칠지 모를 위기 상황 때문에 전전긍긍하며 돈을 쌓아만 놓는 주부, 잘못된 소비 습관으로 빚에 허덕이며 스트레스받는 직장인, 쥐꼬리만한 소득에 지나치게 죄책감을 느끼는 가장(家長)…. 이렇게 돈 문제로 심리적 고통을 겪는 사람들은 '파이낸셜 테라피(financial therapy)'를 받아볼 필요가 있다.

파이낸셜 테라피는 돈에 대한 사람의 심리를 치유하는 심리 요법이다. 돈에 관한 왜곡된 경험 때문에 비합리적인 경제적 판단과 행동을 반복하는 현대인을 위해 고안됐다. 월스트리트저널은 지난 12일 "금전적으로 잘못된 결정을 내리는 인간의 감정과 행동을 이해하고 전문가의 조언을 쉽게 받아들일 수 있도록 도와주는 파이낸셜 테라피가 인기를 얻고 있다"고 보도했다. 과소비, 지나친 절약, 일중독, 금전상 부정행위, 돈을 둘러싼 부모 – 자식 간 갈등 등이 모두 파이낸셜 테라피가 치유하려는 대표적인 증상들이다.

상담자 역할을 하는 파이낸셜 테라피스트(therapist)는 어린 시절 돈에 관한 경험과 인상(印象)이 어른이 됐을 때 돈을 마주하는 태도에 무의식적으로 영향을 준다고 분석한다. 가령 어릴 때 뼈저리게 가난했던 사람이 커서 지독한 구두쇠가 된다든지, 아버지의 파산을 옆에서 지켜본 사람은 투자나 포트폴리오 구성에서 소극적인 모습을 보인다든지, 부자인 친척을 시기하고 적대시하는 집안 분위기에서 자란 사람은 돈 있는 사람을 비윤리적으로 보거나 심지어 스스로 부자가 되길 꺼리게 되는 식이다.

미국 미주리주에서 활동하는 파이낸셜

일러스트= 정인성 기자

테라피스트 댄 댄포드(Danford)를 찾아온 한 70대 노인이 그런 경우였다. 경기침체로 불확실성이 커지자 이 노인은 주식이나 채권 대신 전 재산을 현금으로 보유하려고 했다. 그가 겪는 불안감의 근원에는 대공황 당시 조부모가 무일푼으로 전락한 어릴 적 악몽이 자리 잡고 있었다.

댄포드는 노인에게 이러한 심리적 기제와 함께, 지금과 대공황 당시 상황이 어떻게 다른지 이해하도록 도왔다. 결국 이 노인은 자산 일부를 주식으로 보유하기로 결정했다. 파이낸셜 테라피스트는 단지 돈을 어떻게 써야 하는지 조언하고 유용한 정보를 제공하는 게 아니라, 돈과 심리학을 결합해 건강한 경제생활이 가능하도록 도와주는 것이다. 2년 전 출범한 '파이낸셜 테라피 협회'에는 댄포드 같은 테라피스트 300여명이 소속돼 홍보와 사례 연구 등의 활동을 펼치고 있다.

이석호 기자 yoytu@chosun.com

재무심리

재무심리의 정의

재무심리란 돈에 대한 마음의 작용과 의식의 상태라고 정의한다. 즉 돈에 대해서 갖고 있는 개인 특유의 생각과 믿음, 태도로 이루어지며, 잠재의식 속에 존재하여 평소에는 의식하지 못한다.

재무심리는 주위환경에서 보고 듣고 배운 것이 내부화되고 고착화되어 형성된다. 평소에는 작용하지 않다가 돈과 관련된 활동 즉 재무행동을 할 때 직접적으로 작용하여 영향을 미친다. 재무심리가 건강하면 건강한 재무행동을 하게 되어 건강한 재정을 유지하고 부자가 될 수 있지만, 반대로 재무심리가 건강하지 못하면 재무행동에 악영향을 미쳐 재정적 실패와 가난을 가져오게 만든다.

특히 재무심리는 부모로부터 자녀에게 대물림되는 특성이 있다. 자라면서 부모로부터 보고 듣고 배우면서 재무심리가 자연스럽게 자리잡는다.

따라서 부모의 돈에 대한 건강한 생각과 행동 그리고 솔선수범이 자녀의 건강한 재무심리 형성에 중요하다는 사실을 잊지 말아야 한다.

 **재무심리 TIP**

세 사람이 길을 가고 있는데 동시에 앞에 5만원 지폐가 떨어진 것을 보았다. 이때 세 사람의 반응과 행동은 제각각 달리 나타난다. 이 차이는 그들이 가진 서로 다른 재무심리에서 기인한다.

첫 번째 사람은 돈을 보는 순간 눈치를 보며 주저한다. 두 번째 사람은 남의 돈은 손대지 않는다는 원칙을 가진 도덕적인 사람이라 돈을 외면한다. 마지막 세 번째 사람은 다른 사람보다 먼저 뛰어가 돈을 집어 주머니에 넣는다.

돈의 주인은 누구인가?

재무심리의 형성에
영향을 미치는 요인

재무심리를 형성하는 데 영향을 미치는 주요한 요인으로 ① 환경적 요인과 ② 자신이 경험한 '돈에 대한 트라우마Trauma'로 크게 구분할 수 있다.

환경적 요인

가족 및 주변인물

인간은 자라면서 주위환경을 통해 성격이나 인성이 형성된다. 특히, 돈에 대한 개념은 자라면서 부모나 친지 가족으로부터 보고 듣고 배워 자신의 내부에 고착화된다. 평소에 돈에 대해 부모가 하는 이야기를 들으면서 돈이 좋은 것인지 아니면 나쁜 것인지 직접적인 체험 없이도 돈에 대한 선입

견이 만들어진다.

예를 들어 부모로부터 자주 "돈이 원수야, 이놈의 돈 때문에 사람 죽네" 등 부정적인 이야기만 듣게 되면 돈에 대해 부정적인 이미지가 형성되어 돈에 대해 거리를 두게 되고 경계심이 키워져 돈을 가지기보다 돈을 밀어내고 회피하는 행동을 하게 된다. 반대로 "뭐니뭐니 해도 돈이 최고야, 사람보다 돈이 최고야, 돈 가지고 안 되는 게 없어, 돈은 행복을 가져온다" 등 돈의 좋은 면만 듣고 자라면 돈에 대해 편견을 가지고 그 편견에 따라 돈에 대해 반응하게 된다.

또한 부모나 주위 가족들의 돈에 대한 행동 또한 자녀의 재무심리 형성에 크게 영향을 미친다. 평소에 부모가 계획 없이 충동구매를 하는 것을 보고 자라면 자녀도 충동구매 행위를 자동으로 답습하게 되는 것이다. 부모가 평소에 홈쇼핑채널에 빠져 무분별한 쇼핑을 일삼으면 자녀도 그러한 환경에 친숙해지고 그러한 행동을 하는 것이 쉽게 일어나게 되는 것이다.

또한 사교적이고 관계성이 넓은 아버지가 "돈은 쓰는 거야! 그래야 큰돈 벌 수 있어"라며 친구나 사회생활에서 돈을 많이 쓰는 아버지에게는 그런 행동이 당연한 행동이고 선(善)이라고 생각되게 된다. "남자는 째째하게 하는 것이 아니라 대범하게 돈을 써야 한다"고 교육하면 그 또한 사소하고 세밀한 관리가 금기사항이 되고 좋지 않은 행동으로 인식되며, 돈을 관리하지 않는 자녀로 성장하게 되는 것이다.

이처럼 인간은 성장하면서 가족의 영향을 받아 성격이 형성되므로 자녀의 건강한 재무심리 형성을 위해서는 부모의 건강한 재무심리와 재무행동이 필요하다.

미디어(Media)의 영향

우리는 TV, 영화, 책, 인터넷 등 다양한 매체를 통해 정보를 수집하고 배운다. TV 드라마를 보면서 배우들의 행동을 통해 돈에 대한 생각이 정립되는 경우가 많다. 예를 들어 TV에 등장하는 기업체 사장의 행동을 통해 사장의 사무실 주변 여건 그리고 돈에 대해 하는 행동 등이 자신이 사업을 했을 때 학습효과로 연결된다. 그와 비슷한 패턴의 행동이 일어난다는 것이다. 자신도 사무실을 화려하게 꾸미고 좋은 자동차부터 마련한다. 그리고 TV에서 보았던 배역처럼 행동하게 된다.

또한 반대의 경우도 있을 수 있다. 재테크 서적 등을 통해 돈에 대한 잘못된 인식이 심어지기도 한다. 이 책들의 제목을 보면 '돈 없이 큰돈 버는 방법', '이렇게 하면 큰돈 번다', '부자가 되려면 이 방법뿐이다' 등 자신의 경험을 보편화시키려 하며, 자신의 방법을 따르면 자신처럼 부자가 될 수 있다고 충동질한다. 이렇게 형성된 재무심리는 재테크 제일주의를 고집하게 만들고, 결국 인생에 큰 위험을 가져오게 한다.

시대문화적 조류의 영향

현대사회 전체의 풍조와 조류가 재무심리에 큰 영향을 미친다. 이 시대에 만연한 배금주의 경향은 사람보다 돈을 좇게 만들고, 돈을 얻기 위해서라면 사람을 죽이기까지 하는 상황으로 몰고간다. 자신도 모르게 돈을 좇고 숭배하게 만든다. 또한 먼 미래를 기다리고 인내하기보다 현재의 만족과 기쁨을 추구하는 시대적 조류가 저축보다 소비를 부추기고 즐기게 만든다.

또한 긍정의 힘을 강조하고 낙관하게 하는 사회현상도 문제다. 자신의 미래를 직시하기보다는 낙관하게 만들며, '그냥 어떻게든 되겠지'라는 안이한 생각으로 철저하게 자신의 미래를 계획하고 준비하기보다 그냥 하루하루를 살게 만든다. 극단적으로는 '될 대로 되라! 어떻게든 되겠지! 떠나라!' 등 현실도피적인 광고 문구가 등장하게 되고 그것이 공감을 받게 되고 자신의 그러한 행동에 정당성을 부여하게 되는 것이다. 그러다 실패가 오면 세상을 탓하고 '세상이 원래 다 그렇다'고 세상에 핑계를 돌리게 되는 것이다.

대박과 일확천금을 노리는 사회현상, 로또 매장에 줄을 서서 기다리고 경마장, 경륜장 그리고 정선 카지노 등을 좇게 하는 시대적 대박 풍조 또한 우리의 재무심리에 영향을 끼친다. 어린이와 청소년들도 입버릇처럼 쉽게 대박이란 말을 사용한다. 이러한 단어의 사용은 결국 대박을 좇는 생각을 고착화시키고 대박을 좇는 재무행동을 유발시키는 효과가 있다.

세계화의 영향

이제는 전세계가 하나의 세상이다. 정치, 문화, 경제 등 모든 분야에서 급속하게 하나가 되어가고 있다. 이러한 세계화에 가장 큰 역할을 한 수단은 IT기술이다.

예를 들어 한류가 세계로 전파되고 있고, 우리나라에도 각종 외국문화가 들어와 자리잡고 있다. 각 나라의 문화가 들어오면서 그와 동시에 그 나라의 돈에 대한 문화도 함께 들어오게 된다. 문화를 접하는 순간 자신도 모르게 무의식적으로 그 사람들의 생각과 행동을 받아들이는 경향이 있다.

전통 유교문화

우리나라는 고대로부터 유교사상이 자리잡고 있어 우리 민족에게는 돈을 터부시하고 도덕과 정의를 강조하는 정신이 내려오고 있다. 사농공상 등 직업의 서열에서 보듯이 선비가 가장 존경받고 장사하는 상인들은 가장 천한 직업으로 인식하여 돈을 버는 것을 천한 직업으로 여겨왔다.

이러한 유교사상은 돈과 멀어지게 하고 현실에 맞지 않는 재무행동을 하도록 영향을 미친다. '황금보기를 돌 보듯 하라'는 말은 아주 정의롭고 깨끗한 의미를 가지고 있지만 이러한 생각이 강하면 강할수록 현실에서는 돈 벌 수 있는 기회가 와도 돈을 벌지 못하게 하는 작용을 하는 것이다.

남을 도와주고 보살펴주고 항상 의로운 행동을 강조하다 보면 의로운 사람은 될 수 있을지언정 부자가 되기는 어려울 수 있다.

종교

종교 또한 개인 재무심리에 크게 영향을 미친다. 종교마다 추구하는 선(善)이 있다. 그 가치에 부합하도록 정신과 영혼을 단련한다. 따라서 어떤 종교는 돈을 악이라고 규정하고 돈을 경계하도록 한다. 반면 맘모니즘 Mammonism은 돈을 신격화하여 돈을 숭배하도록 한다. 종교에 따라 돈에 대한 가치가 달라지고 그에 따라 재무심리도 고착화된다.

자신이 경험한 사건을 통한 트라우마

재무심리는 외적인 환경요인과 내적인 트라우마에 의해 형성된다. 즉 자신이 겪은 돈에 대한 사건으로 인해 재무심리가 형성될 수가 있다.

미국의 대공황 때 한 공장 인부에게 두 아들이 있었다. 미국의 경기불황과 대공황으로 공장이 문을 닫고 밀린 임금을 지불받지 못하게 되어 그 가정이 어려운 상황에 몰리게 되었다. 이 사건을 바라보면서 두 아들은 서로 다른 재무심리를 갖게 되었다. 형은 세상을 비관하고 자본가를 멸시하며 자신을 철저하게 현실에서 도피시켜 인생을 망치게 되었다. 반대로 동생은 돈에 대해 아주 강한 집착을 가지고 두 번 다시는 이러한 상황을 맞지 않으려고 악착같이 돈을 벌고 모으기 시작하여 마침내 부자가 되었다.

왜 이런 현상이 일어나는 것인가? 그것은 같은 사건을 두고 형제가 서로 다른 돈의 측면을 보았고 그것이 자신들의 재무심리를 건강하게 혹은 병들게 만들었기 때문이다. 형은 그 사건을 통해 돈의 나쁜 면을 보고 돈을 외면한 반면 동생은 돈의 위력과 필요성을 절실히 느껴 악착같이 돈을 벌고 모았던 것이다. 우리 또한 성장하면서 이러한 돈에 대한 사건사고를 겪게 되고 그때마다 자신도 모르게 돈에 대한 개념이 정립되어가고 있다.

최근 상담 사례에서 어린 시절 가정형편이 어려워 일반계 고등학교는 갈 수 없었고 상업계 고등학교에 진학하여 은행원이 된 경우가 있었다. 부단히 노력하여 안정적인 직장에 들어갔지만, 어릴 때부터 돈이 없으면 정말 어렵고 힘들다는 사실을 뼈저리게 느낀 이 사람은 지나치게 돈을 아끼는 버릇이 생겨 끼니도 거를 때가 많았다고 한다. 한푼이라도 아끼기 위해 아파도 병원에 가지 않는다. 스스로 지나치다는 사실을 알면서도 쉽게 고쳐지지 않는다고 토로하던 모습을 기억한다.

또한 한 주부는 어릴 때 아버지가 사업에 실패하여 빚 때문에 가정이 파탄나는 경험을 하였다. 이로 인해 자신은 살면서 절대로, 어떤 일이 있어도 빚을 지지 않겠다고 다짐을 했다. 그런데 결혼을 하고 나서 남편과의 경제적 문제로 엄청난 갈등을 겪었으며 결국 심한- 우울증에 시달렸다. 일반 심리상담과 종교를 통해 해결하려 했지만 해결할 수 없었다고 한다. 그러던 중 우연히 재무심리 상담을 통해 남편과 자신이 겪는 갈등의 근본원인이, 돈을 보는 시각이 다르고 재무심리가 서로 다르기 때문이라는 사실을 알게 되었다.

진단 결과 남편은 돈이란 언제라도 빌릴 수 있고 그 돈을 이용하여 투자나 장사를 통해 수입을 올릴 수 있다는 환경에서 자랐다. 따라서 대출을 받아 주식투자를 하는 것은 지극히 정상적이라고 생각하고 있었다. 반면, 아내는 어릴 때 받은 돈에 대한 상처 때문에 빚에 대해 극도의 혐오감을 갖고 있었다. 부부는 서로 이해하기 어려운 상반되는 재무심리를 가졌다는 사실을 알게 되었고, 이것이 갈등의 원인이 되었다는 사실도 깨달았다. 이후 서로 이해하고 함께 노력하면서 부부관계가 회복된 사례도 있다. 원인을 알고 나니 해결책이 손쉽게 나온 경우다.

이처럼 우리는 살면서 돈에 대해 수없이 많은 경험을 하고 그것이 때로는 건강한 재무심리 형성에 심각한 장애가 된다는 사실을 알 수 있다.

경제성장과
한국인의 재무심리

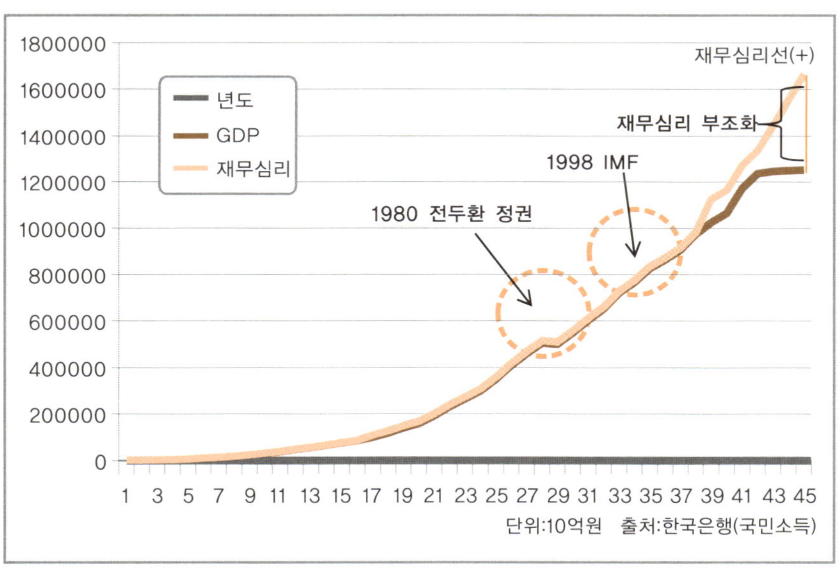

+(더하기) 재무심리의 고착

우리나라는 1970년부터 2011년까지 41년 사이에 446배의 성장을 했다. 그래프에서 보듯 기적적인 경제성장을 이루었고 오늘날 세계 10대 경제대국의 위치에 올랐다.

이렇듯 매년 가파른 성장을 거듭해온 경제성장의 뒷면에 우리국민들에게 "빨리 빨리"와 큰돈을 벌려는 +(성장과 크기, 양) 재무심리가 강하게 자리를 잡게 되었다.

돈만 있으면 어디에 투자해도 돈을 벌었던 시절이 있었다. 부동산시장의 급속한 성장으로 인해 부동산 재벌이 속출하고 부동산을 가지는 것 그 자체가 최고의 투자인 때가 있었다. 그래서 너나 할 것 없이 대출을 통해서라도 부동산을 구입하고 내집 마련에 열을 올렸다.

이러한 더하기 재무심리는 우리 국민에게 쉽고 빠르게 큰돈을 버는 데 집중하는 일확천금의 재무심리를 형성시켰다. 남들이 빠른 시간 내에 졸부가 되는 것을 보고 자기도 모르게 일확천금사상이 자리잡게 된 것이다. 그리고 작고 세세한 디테일을 보기보다는 큰 그림과 대충대충, 빨리빨리가 자리잡게 되어 재무적인 위험에 노출되었고 재무 위험관리 능력의 저하를 가져왔다.

재무심리 부조화로 인한 혼돈 상태

고도의 경제성장과 장기간 지속된 경제성장은 우리 국민들에게 항상 성장하고 커지기만 한다는 '더하기(+) 재무심리'를 고착화시켰다. 그러한 재무심리는 미래 또한 지속적으로 성장할 것이라는 기대를 부풀리고 더하기 재무행동을 하도록 심리에 영향을 미친다. 하지만 지금은 기대와 달리 경제성장이 둔화되고 세계경제의 불황 여파로 전반적으로 저성장으로 가고 있다. 이러한 고성장의 더하기 재무심리와 실제적인 저성장 경제 환경 사이의 갭(차이)이 재무심리 부조화이다.

고도의 성장과 계속된 성장으로 인하여 침체와 불황에 익숙하지 않은 우리나라 국민들은 부동산 시장 침체 및 가격 하락으로 더하기 재무심리의 불패 공식이 무너졌음에도 불구하고 이를 인정하려 하지 않는다. 위험을 위험으로 보지 못하게 하는 이러한 더하기 재무심리는 심각한 사회현상을 일으키고 있으며, 향후에도 이는 해결이 어려울 전망이다. 가계부채만 봐도 국민들이 기대와 실제 사이에서 재무심리 부조화를 겪고 있음을 확인할 수 있다.

부동산 가격 하락, 어려운 경제상황에 대처해 나가는 데 있어 더욱 어려움을 겪고 있는 이유는, 마이너스 성장이나 침체에 대응하는 건강한 마이너스 재무심리가 약하기 때문이다. 불황을 이기고 성공하기 위해서는 마이너스 시대에 견디고 이겨내는 튼튼한 재무심리가 필요하다. 단순히 한 방향의 상승에만 빠지지 말고 마이너스 방향을 보고 그 곳에서 플러스를 만들어 내는 재무심리가 필요하다. 즉 마이너스를 마이너스하면 플러스가 되는 것이다. 불확실한 수익을 좇기보다 확실한 마이너스를 줄여야 한다.

투자보다는 대출 상환을 먼저 하는 것이 가정경제의 위험을 줄이는 지름 길이다.

뿐만 아니라 우리의 가치관도 바뀌어야 한다. 성공, 행복, 풍요의 일방적 인 면을 좇기보다는 실패의 위험, 불행의 요소, 가난의 요인들을 먼저 보고 그러한 위험들을 제거하는 마이너스 재무심리가 필요하다. 그리고 항상 플러스적인 측면과 마이너스적인 측면을 동시에 고려하는 균형을 가져야 한다.

현재 경제적으로 고통을 받고 있는 사람들은 현실을 직시하고 문제를 피하기보다는, 자신의 재무심리의 결과로 지금의 문제가 왔음을 인정하고 내 안에 있는 거품 즉 더하기 요인인 체면, 욕심 등을 내려놓고 과감히 자 신의 경제상황을 개선시켜야 한다. 큰 집에서 작은 집으로, 좋은 직장보다 는 당장 돈을 벌 수 있는 직장으로 옮겨 내실을 다져야 한다. 지극히 현실 적이고 실속 있는 생각과 행동이 필요하다.

재무심리의 구성 요소

재무심리의 구성요소에는 ① 돈 버는 마음, ② 돈 쓰는 마음, ③ 돈 불리는 마음, ④ 돈 나누는 마음 4가지로 구성되어 있다. 이 4가지 마음의 역학관계로 인해 유형이 결정되고 재무장애, 그리고 머니스크립트Money Script가 만들어진다.

 **재무심리 TIP**

머니스크립트(Money Script)란?
머니스크립트란 돈에 대한 생각, 믿음, 태도로 어릴 때부터 주위환경으로부터 보고 들으면서 자신도 모르게 내면의 세계에 고착화된다.

돈 버는 마음(+)

돈 버는 마음은 4가지 마음 중 제1의 요소이며 매우 중요하다. 수입의 원천을 만들어내는 원동력이라고 할 수 있다. 이 마음이 강하면 강할수록 열심히 돈을 벌려 하고 돈에 적극적인 행동을 보인다. 반면 돈 버는 마음이 약할수록 돈 버는 데 소극적이고 베짱이 성향을 나타낸다. 돈을 버는 마음은 돈을 벌고자 하는 의지를 말한다.

건강한 '돈 버는 마음'의 머니스크립트

- 열심히 부지런해야 돈을 번다.

- 만날 때와 헤어질 때 크게 인사를 잘한다.

- 남들이 나와 일을 하고 싶어 해야 돈을 벌 수 있다.

- 남들보다 한 발 앞서 움직여야 성공한다.

- 항상 밝고 즐겁게 일하면 돈은 따라온다.

- 수단과 방법을 가리지 않고 돈을 벌어야 한다.

- 자존심이 밥 먹여 주지 않는다.

- 일단 기회가 오면 절대 놓치지 않는다.

- 열 번 찍어 안 넘어가는 나무 없다. 될 때까지 노력한다(악착스러움)

- 재미있는 사람, 함께 있고 싶은 사람이 돼라.

- 셈이 빨라야 한다.

- 먼저 주더라도 공짜는 없다. 반드시 그 이상을 돌려받는다.

- 꼭 감사의 마음을 전하고 항상 챙긴다.

- 약속을 쉽게 하지 않고 약속을 하면 반드시 지킨다.

- 사람의 마음을 사로잡아 내편이 되게 한다.

- 경조사에 빠지지 않는다.

- 상대방이 '괜찮다', '안 해도 된다' 고 해도 계속한다.

- 돈이 있는 곳에서 놀아야 한다.

- 상대방의 고민이 무엇인지 알고 해결해 준다.

- 눈치가 빨라야 한다.

- 소탐대실하지 않는다.

- 실속을 차려야 한다.

- 개같이 벌어 정승같이 써야 한다.

돈 쓰는 마음(一)

'돈 쓰는 마음' 은 순서로 보면 '돈 버는 마음' 다음으로 작용하게 된다. 돈이 생기면 그 돈을 어디다 쓰는가를 결정하는 요인이다. 어떤 사람은 명품을 사고, 자동차를 사고, 여행을 가는 등 하고 싶은 것에 돈을 소비한다. 반면 어떤 사람들은 미래를 위해 자녀를 위해 저축한다. 또 어떤 경우는 돈을 전혀 쓰지 않고 모으기만 하는 사람들도 있다.

건강한 돈 쓰는 마음은 돈을 쓸 때는 쓰고 쓰지 말아야 할 곳에는 쓰지 않는 것을 이야기한다. 평소에 지출계획을 먼저 세우고 그것을 충실히 실행하는 것이 건강한 소비습관이다.

그런데 건강하지 못한 돈 쓰는 마음은 계획하지 않고 기분에 따라 즉각적이고 충동적으로 구매를 하고 과소비를 억제하지 못하는 것이다. 반면 미래에 대한 불안과 두려움으로 돈을 전혀 쓰지 못하는 극도의 저소비 형태로 나타나는 경우도 있다. 균형을 잡지 못하고 극단적으로 나타나는 양쪽 모두 바람직한 돈 쓰는 마음이 아니다.

돈 쓰는 마음은 돈 쓰는 행동에 영향을 미치고 돈 쓰는 행동은 돈 쓰는 능력으로 나타난다. 돈 쓰는 마음은 돈을 모으고 가두어 놓는 역할을 한다.

건강한 '돈 쓰는 마음'의 머니스크립트

- 항상 장기적이고 종합적인 관점에서 재무관리를 해야 한다.
- 가계부를 적어 지출을 관리한다.
- 연간/월별/일별 예산이 정해져 있고 예산에 따라 움직인다.
- 신용카드를 사용하지 않는다.
- 버는 것보다 적게 쓰고 미래를 위해 저축해야 한다.
- 대출거래는 안 한다.
- 항시 비상자금이 있어야 한다.
- 필수 지출과 선택적 지출의 우선순위를 잘 관리한다.
- 정리정돈을 잘한다.
- 내 돈이 없으면 안 쓴다.
- 신용관리를 확실히 해야 한다.

돈 불리는 마음(×)

돈 버는 마음, 돈 쓰는 마음 그 다음에 작용하는 마음이 바로 돈 불리는 마음이다. 돈 불리는 마음은 가진 돈을 어떻게 키우고 불리느냐에 관여한다. 이것이 지나치면 투기와 도박 성향이 나타나고, 너무 약하면 가장 안전한 저축만 찾게 되고 투자는 전혀 하지 않으며 극단적으로는 현금을 금고에 보관하는 것을 최고로 여긴다.

그러면 건강한 돈 불리는 마음은 무엇인가? 돈은 시간의 가치를 가지고 있으므로 최소한의 수익 즉 물가상승분만큼은 굴려야만 현재가치를 유지할 수 있다는 생각을 해야 한다.

그림에서 보이듯 건강한 재무심리는, 투자 시에는 장기적으로 기대 수익률을 6%로 정하고, 대출을 받아야 할 때는 5% 이하의 대출이자가 건강하다고 할 수 있다. 이자가 3%도 되지 않는 저축만 하는 것도 건강하지 않다고 볼 수 있다. 최소한 장기적으로 전문가의 도움을 받아 위험분산 및 위험관리를 통해 6%까지는 불리려고 목표를 정해야 한다. 또한 돈이 필요하여 돈을 빌려야 할 때는 대출이자가 5%가 넘어가면 정상적이지 않다고 생각하는 것이 건강한 마음이다. 고리의 대출이자는 엄청난 재무위험을 가져온다는 사실을 잊어서는 안 된다.

그림처럼 일확천금의 성향을 좇다보면 투기와 도박이 나타나고, 정상적인 제1금융권 은행대출이 아닌 제2금융권, 나아가 사채까지 쓸 수 있다. 투자와 대출은 특히 건강한 선에서 부족하지도 넘치지도 않도록 관리해야 한다. 따라서 사전에 철저한 재무관리가 필요하다.

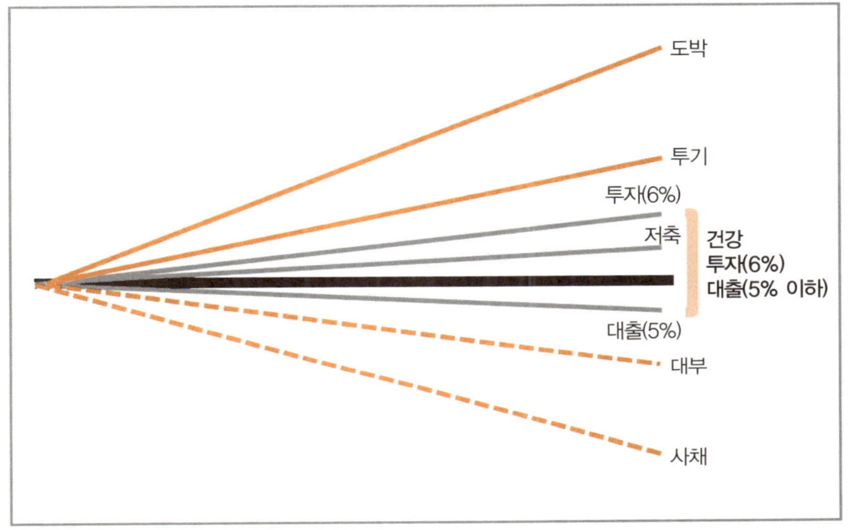

건강한 '돈 불리는 마음'의 머니스크립트

- 돈은 잠자고 있으면 안 되고 불려야 한다.
- 투자정보에 민감하다.
- 전문가의 도움을 받는다.
- 계란을 한 바구니에 담지 않는다.
- 수익이 높으면 위험도 높다.
- 재테크 지식을 충분히 습득해야 한다.
- 하루라도 일찍 저축해야 한다.
- 항시 최고의 금리상품을 찾는다.
- 복리의 힘을 알고 있다.
- 자신의 투자원칙을 고수한다.

- 수익과 손실의 정해진 한도 내에서 실행하며 욕심내지 않는다.
- 포트폴리오 투자 원칙(분산투자의 원칙)
- 인내와 기다림이 필요하다.

돈 나누는 마음(÷)

재무심리의 구성요소인 4가지 마음 중 마지막으로 돈 나누는 마음이 있다. 앞의 3가지 마음은 돈을 많이 벌고 건강하게 쓰고 건강하게 불려 내 창고에 돈을 축적하는 과정에 직접 영향을 미치는 마음들인 반면, 돈 나누는 마음은 쌓인 돈을 남에게 나눠주는 역할을 하는 마음이다.

나눔은 선택이 아닌 필수이다. 아무리 많은 돈을 쌓아두었더라도 돈을 나누지 않으면 고인 물처럼 썩는다. 이는 결국 가족부터 시작하여 내 주변의 많은 사람들을 죽이게 된다. 돈이 많으면 우선 자녀가 망가지고 나누지 않으면 형제가 멀어진다. 이처럼 나눔은 건강한 인간관계 형성에 반드시 필요한 요소이다.

나눔은 필수지만 언제 어떻게 나누는지에 따라 인생이 달라진다. 나눔은 벌고 쓰고 불리고 난 다음 마지막에 행해져야 한다. 그래야 건강한 것이다. 즉 내 곳간을 채워 가족을 먼저 생각하고 그 다음 남들을 위해 나누는 것이 필요하다. 그런데 우리는 벌자마자 남에게 나누는 참 좋은 사람들이 많다. 인간적으로는 좋지만(특히 남들이 보기에는) 정작 자신의 가정은 돈 때문에 고통받게 하는 모순을 저지르고 있다.

도덕적인 차원의 접근이 아니라 현실적인 접근이 필요하다. 종교적인 측면에서는 나누면 부자가 된다고 하여 열심히 나눔을 하는 사람들이, 만약 내가 복을 받지 못하면 자녀들이 복을 받게 된다는 등의 축복의 원리를 이야기할 수도 있다. 하지만 중요한 것은 자신의 생애 동안 복 받고 자녀들이 복 받을 수 있는 건강한 재무심리를 대물림하는 것이다. 이것이 진정한 축복의 원리인 것이다.

이런 측면에서 나누는 마음은 부와 직결되어 있다. 나는 나눔을 마중물이라고 생각한다. 한 바가지의 물을 넣고 열심히 펌프질을 하면 우물에서 물이 콸콸 쏟아지는 원리이다. 즉 나눔은 더 큰돈을 데려오는 속성이 있다.

이런 나눔의 원리는 상업적으로도 활용되고 있다. 기업들이 자선사업, 고객 보상 프로그램 등 기업이미지 제고를 위한 각종 나눔 운동을 하는 것은 궁극적으로 고객과 국민들에게 수익을 환원하여 기업이 보다 성장하고 건강해지는 결과를 가져오기 때문이다. 나눔은 실천이다. 작은 나눔이라 할지라도 실천해야 효과를 발휘한다. 나눔에는 연습이 필요하다. '돈이 생기면 하겠다'가 아니라 지금 당장 단돈 만원이라도 남을 위해 정기적으로 돕는 행사에 참여하는 것이 내가 부자가 되는 지름길이고 자녀에게 아름다운 부자가 되는 재무심리를 물려주는 길이다.

건강한 '돈 나누는 마음'의 머니스크립트

- 나누는 기쁨이 정말 크다.
- 기부나 헌금을 하고 싶다.
- 주위의 어려운 사람들을 보면 도와주고 싶다.
- 다 함께 사는 세상을 만들고 싶다.

- 노블레스 오블리제(부자의 사회적 책임)를 실천하고 싶다.

- 번 돈을 사회에 환원하거나 기부하고 싶다.

- 물은 고이면 썩는다.

- 돈이 많으면 문제 또한 많다.

- 자녀들에게 고기를 잡아주기보다 고기 잡는 법을 가르쳐야 한다.

 **재무심리 TIP**

돈과 관련하여 사람들이 갖는 고민은 무엇인가?

왜 나는 돈을 많이 못 벌까, 왜 나는 아무리 벌어도 항상 돈이 부족할까, 왜 투자만 하면 실패할까, 왜 나는 돈을 모으기만 하고 쓰지는 못하는 걸까, 왜 충동구매를 억제하지 못해 매번 후회할까, 왜 빨리 큰돈을 벌고 싶어 마음이 조급해질까, 왜 나는 미래보다 현재의 즐거움에 치중할까, 왜 나는 도박에 빠져 헤어나오지 못하는 걸까, 왜 나는 남에게 잘 속는 걸까 등이다. 모든 고민들이 재무심리에서 기인한다. 건강한 재무심리를 갖춘 사람은 돈을 벌고, 쓰고, 불리고, 나누는 행동에 균형이 잡혀 있다. 반대로 허약한 재무심리를 가진 사람은 잘 벌지도, 쓰지도, 불리지도, 나누지도 못한다. 예를 들어 남들이 위험성을 아무리 경고해도 정작 본인은 위험을 위험으로 느끼지 못하기 때문에 수십 년간 모아 온 돈을 한순간에 날리는 우를 범한다. 옳은 것과 그른 것을 구별하지 못하여 똑같은 실패를 반복하고도 그 이유가 어디에 있는지 알지 못한다. '부자 DNA'란 타고난 능력이 아니다. 어느날 하늘에서 떨어지지도 않는다. 근본적인 문제를 인식하고 바꿔가면서 점차 부자가 되어가는 것이다.

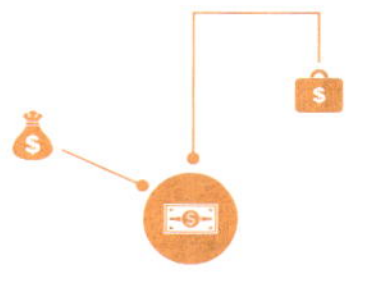

재무심리의 4가지 마음과 재무행동의 관계

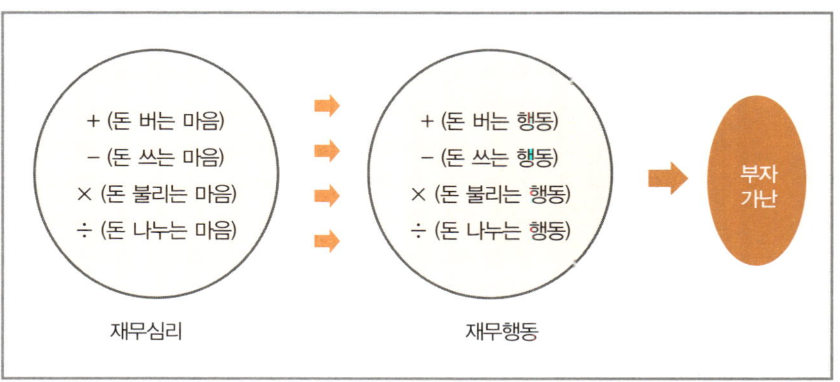

재무심리가 재무행동에 영향을 미치고 그 결과 부자와 가난이 결정된다. 재무심리의 4가지 마음이 재무행동의 4가지 행동에 영향을 미치고 그 결과 부자와 가난이 결정된다. 따라서 건강하고 아름다운 부자가 되기 위해서는 재무행동을 고치려고 하기보다는 근원적인 재무심리의 4가지 마음을 건강하게 변화시켜야 한다.

즉 돈을 벌어야겠다는 마음이 생겨야 돈을 버는 행동이 나타나고, 돈을 건강하게 써야겠다는 마음이 있어야 예산을 세우고 돈 관리를 잘하게 되는 것이다. 또한 돈을 불려야겠다는 마음이 생겨야 0.1%라도 더 이자를 받으려 노력하고 불리려고 하는 행동이 나타나게 된다.

마지막으로 나눔이란 아름다운 것이며 기쁨을 준다는 사실을 알고, 나누어야겠다는 마음이 있어야 자선의 행동을 할 수 있는 법이다. 이러한 마음이 없으면 아무리 행동을 재촉하고 이야기해도 실천이 어려우며, 지속하기도 어렵다.

이것이 재무심리와 재무행동 그리고 부자와 가난의 역학관계이다.

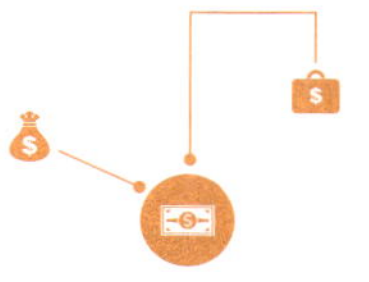

재무심리 4가지 마음의 순환작용

재무심리 4가지 마음은 순서가 정해져 있다. 다시 말하면 돈 버는 마음, 돈 쓰는 마음, 돈 불리는 마음, 돈 나누는 마음은 일정한 순서에 의해 움직여야 건강한 결과를 가져오게 된다는 말이다. 그러면 건강한 우선순위는 무엇인가? 그림에서 보는 것과 같이 첫 번째 돈 버는 마음이고 두 번째는 돈 쓰는 마음, 세 번째는 돈 불리는 마음, 마지막으로 돈 나누는 마음으로 일어나야 한다. 만약 이 순서가 바뀌면 완전히 다른 결과와 삶을 가져오게 된다.

4가지 마음은 반드시 시계방향으로 돌아야 한다. 만약 시계 반대 방향으로 돌면 문제가 발생한다. 예를 들어 돈을 벌면 돈을 쓰고 남겨야 하고, 남은 돈은 저축이나 투자 등으로 불려야 하고, 마지막으로 남을 위해 돈을 나눌 수 있어야 건강한 삶이라고 하겠다. 하지만 돈을 벌자마자 남을 위해 나눈다면 내 가정의 창고에는 돈이 쌓이지 않는 결과를 가져와 가족이 돈으로

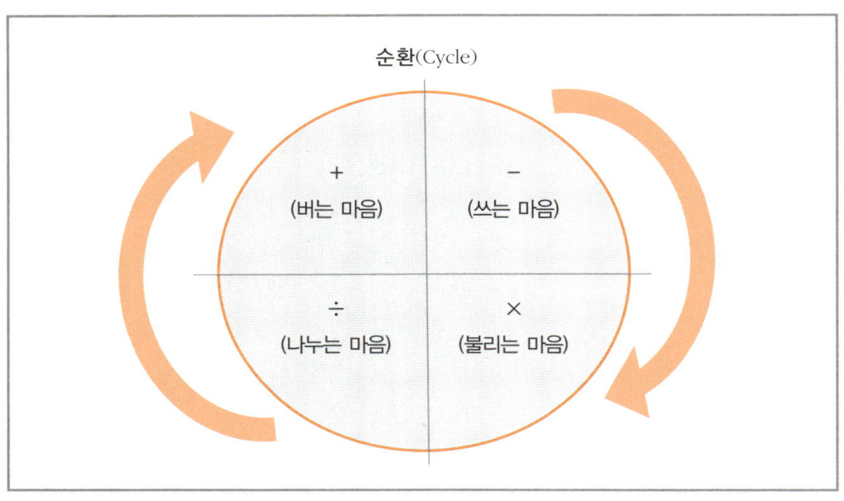

부터 고통을 받게 된다. 당연히 이런 사람들은 남들로부터 좋은 사람, 마음이 따뜻한 사람으로 인식되고 칭찬도 받겠지만, 정작 배우자나 가족에게는 실속 없는 사람일 것이다. 이처럼 우리는 철저히 먼저 자신의 가정과 가족을 위해 창고를 채워야 한다. 창고를 다 채우기 전까지는 채우는 것에 집중해야 한다. 나눔은 작은 나눔을 실천하다가 내 창고를 다 채운 후 사회를 위해 큰 나눔을 할 수 있도록 그릇을 키워나가는 게 필요하다.

부의 축적 과정(Process)

돈 버는 마음(+)→ 돈 쓰는 마음(−)→ 돈 불리는 마음(×)의 프로세스는 돈을 축적하는 과정이다. 이 프로세스를 어떻게 하느냐에 따라 나에게 얼마만큼의 돈이 축적되는가가 결정된다. 요약컨대, 돈을 버는 마음, 돈을 쓰는 마음, 돈을 불리는 마음의 건강 상태는 부의 저수지의 수량과 둑의 건강상태를 이야기한다.

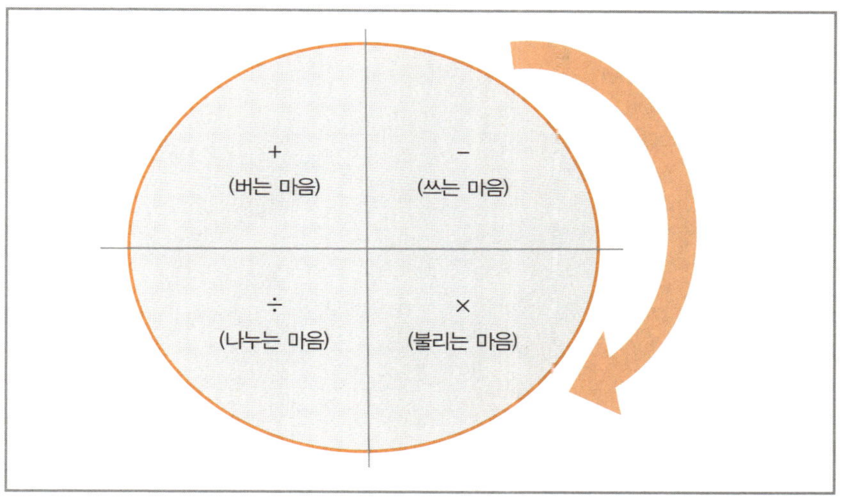

재무심리 TIP

돈은 남보다 많이 버는데 항상 돈이 모이지 않는 사람은 돈 버는 재무심리는 강하지만 돈을 쓰는 재무심리가 약하여 돈을 저축하지 못하거나 아니면 돈을 불리는 재무심리가 약하여 투기나 투자 실패 등으로 인해 모은 돈을 날려버려서 그런 결과가 나올 수도 있다. 반면에 돈은 상대적으로 적게 버는 직업이지만(공무원, 중소기업) 탄탄하게 돈을 모으고 사는 사람이 있다. 이 사람의 경우 돈을 버는 재무심리는 상대적으로 약하지만 돈을 쓰는 재무심리가 강하여 철저한 예산관리를 통해 지출을 통제하여 돈을 남겨 그 돈을 가장 안전한 방법으로 돈을 불렸기 때문이다. 이처럼 돈을 축적하기 위해서는 반드시 3가지 재무심리가 작동하게 되는데 어느 하나라도 치명적인 약점을 가지고 있으면 돈을 축적하기 어렵다.

'아름다운 부자'와
'돈만 많은 부자'의 결정 요소

아름다운 부자가 되기 위해서는 아래 2개의 명제를 기억해야 한다.

　－나눔은 생명이다.

　－고인 물은 썩는다.

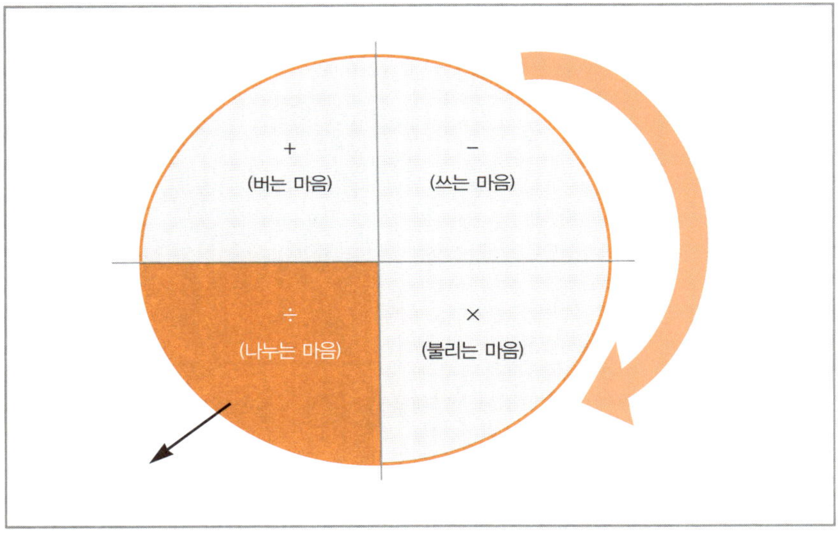

　나눔은 인간관계를 결정하는 요소이기도 하다. 잘 나누면 사람들이 좋아하고 나누지 않으면 사람들이 멀어진다. 잘 퍼주는 사람에게는 사람들이 많고 자린고비처럼 돈을 쓰지 않으면 사람들이 모이지 않는다.

표 ▍**4가지 마음의 역학관계표**

구분	역할	정도	특성	유형	장애
돈 버는 마음(+)	수입 창출	Strong	돈을 많이 벌려는 의지가 강하다	모험가형	일중독
		Weak	돈을 벌려는 의지가 약하다	베짱이형 무념형	의존증
돈 쓰는 마음(–)	지출 관리	Strong	예산 및 계획에 의한 지출	자린고비형	저소비
		Weak	무계획 무예산	유아형	충동구매 과소비
돈 불리는 마음(×)	자산 증식	Strong	재테크 투자 의지 및 재테크 지스 공부	사냥꾼형 일확천금형	도박 투기
		Weak	재테크 투자에 관심 없거나 회피	무념형	
돈 나누는 마음(÷)	기부 선행	Strong		무념형	가난의 맹세
		Weak		자린고비형 숭배형	돈의 노예

 **재무심리 TIP**

돈의 축적 과정을 성공적으로 마치면 돈은 축적되지만 그 이후에 돈을 나누는 마음이 건강한가 아닌가에 따라 '돈만 많은 부자' 혹은 남에게 많은 도움을 주고 존경받는 부자인 '아름다운 부자'가 되느냐가 결정된다. 나누는 마음은 저수지의 수문 역할을 한다. 수문은 적절히 수위를 조절하여 최적의 상태를 유지시키고 물을 순환시키는 역할을 한다. 이 수문이 작동하지 않으면 댐이 넘쳐 큰 재앙이 나거나 물이 고여 썩게 만들어 저수지로서의 기능을 상실하게 된다. 돈으로 볼 때 돈이 많이 쌓이고 나누지 않으면 돈으로 인해 반드시 문제가 온다. 가진 돈으로 인해 자녀를 망치고 형제 간 분쟁이 생기고 주위의 사람들이 돈으로 고통 받게 되는 것이다. 따라서 나눔은 선택이 아니라 필수이다.

재무심리와 생각

우리는 일상 중에 항상 생각하고 행동을 하면서 산다. 우리가 하는 생각과 행동은 모두 돈의 움직임과 영향이 있다. 즉 어떤 생각은 돈을 가져오고 어떤 행동은 반대로 돈을 쫓아낸다. 또한 어떤 행동은 돈을 부르고 어떤 행동은 돈이 들어오는 것을 막는다.

　우리가 일상에서 의식적으로나 무의식적으로 하는 수많은 생각과 행동의 결과가 현재 자신의 돈과의 관계 및 재정상태를 결정하게 된 것임을 알아야 한다. 따라서 우리가 부자가 되고 가난해지는 것은 이러한 생각과 행동의 결과이므로 돈을 오게 하는 건강한 생각과 건강한 행동을 해야 한다.

돈 되는 생각

생각	이유	결과
나는 부자가 되어야 한다	돈을 벌어야 하는 이유와 목표가 돈을 버는 행동을 하게 한다	돈을 오게 한다
돈으로부터 고통받지 않아야 한다		
나는 반드시 성공한다		
꿈과 목표를 항상 생각한다		
긍정적인 생각	긍정적인 생각은 에너지이고 에너지는 성공을 가져온다	돈을 오게 한다
놀기보다는 일을 하자		
항상 웃고 살자		

돈을 내쫓는 생각

생각	이유	결과
놀고 싶다	게으르고 쉽게 많은 돈을 벌려는 일확천금의 생각은 실패와 가난을 불러오고 내가 하는 부정적인 생각들은 나쁜 에너지를 방출하게 하여 사람들에게 나쁜 이디지를 주게 된다. 사업이나 조직 내에서 성공보다는 나쁜 영향을 주게 된다	돈이 나간다
자고 싶다		
어디 대박 없나?		
쉽게 돈 벌 수 없나		
살기 힘들다		
누가 안 도와주나?		
우울하다		
도망가고 싶다		
후회		
원망		

재무심리와 행동

우리는 일상생활을 하면서 자신도 모르는 습관적인 행동을 한다. 재무심리로 볼 때 우리가 하는 모든 생각과 행동은 반드시 돈과 연관되어 있고 어떤 생각을 하느냐에 따라 돈이 들어오게도 하고 나가게도 한다. 또 우리가 어떤 행동을 하느냐에 따라 돈이 들어오게도 하고 돈이 나가게도 한다. 어떤 습관이 돈을 부르고 어떤 습관이 돈을 나가게 하는지 알아보자.

돈을 부르는 습관

우리가 일상에서 하는 습관 중에 돈을 부르는 습관에 대해 알아보기로 한다.

습관	영향
정리정돈 습관	정신적으로 맑은 상태이고 주위를 깨끗이 하여 사전에 위험을 제거할 수 있고 모든 행동에서 불필요와 비효율을 제거할 수 있어 돈이 새는 것을 막는 역할을 한다.
기록하는 습관	기록은 행동을 계속적으로 추적하는 역할을 한다. 자신의 행동이 잘하고 있는지 아니면 잘못되고 있는지 점검할 수 있는 기회를 제공한다. 그리고 기록을 하면 실수를 줄일 수 있고 목표관리를 할 수 있어 효율성을 제고시키는 역할을 한다.
물을 받아서 세면하는 습관	물을 받아서 사용하는 습관은 필요한 만큼만 받아 사용하는 절제를 나타내고 근검절약의 마음이 자리잡고 있어 돈이 모이게 되는 역할을 한다.
일찍 일어나는 습관	일찍 일어나는 새가 먹이를 더 얻는 것처럼 부지런한 사람은 절대 굶지 않고 게으른 사람은 가난해진다. 일찍 일어나는 부지런함은 근면성실을 나타낸다. 돈을 만들고 부르는 역할을 한다.
계획하는 습관	계획하는 습관은 비효율을 줄이고 위험관리와 목표관리에 아주 필요하다.
쇼핑목록 작성 습관	충동구매와 과소비를 하지 않도록 제어하는 역할을 하고, 규모의 경제활동을 할 수 있게 도와준다. 돈이 새지 않게 하는 역할을 한다.
가계부 쓰는 습관	매일 수입지출을 관리하는 것은 자신의 소비행동을 점검할 수 있고 예산 내에서 소비할 수 있도록 하여 충동구매와 과소비 등을 예방하여 돈이 새지 않게 하는 역할을 한다.
인사하는 습관	인사는 영적 교류이다. 남보다 먼저 크게 인사하는 것은 상대방으로 하여 친밀감을 높이고 경계심을 낮추게 하는 역할을 한다. 조직에서의 성공요인 중 하나가 인사이다. 인사는 돈을 부른다.
나누는 습관	나눔은 마중물의 역할을 한다. 나눔은 사람을 살리고 자신을 살린다.
마무리 잘하는 습관	벌이기만 잘하고 마무리 못하는 사람은 실속이 없고 오히려 문제만 발생시킨다. 어떤 일이든 마무리를 깨끗이 해야 결과를 얻을 수 있다. 마무리는 돈이다.
부지런한 습관	부지런한 사람은 게으른 사람보다 돈 벌 기회가 많고 다른 사람들에게 좋은 평을 받게 된다. 부지런함은 성공과 돈을 버는 데 필수요소이다.

습관	영향
챙기는 습관	정신이 맑은 상태이고 깜박하여 놓치는 것을 예방하고 시행착오를 예방하는 좋은 습관이다. 돈이 새는 것을 막는 역할을 한다.
저축 먼저 하고 남으면 쓰는 습관	돈이 항상 모이는 역할을 한다.
열면 반드시 닫는 습관	마무리를 하는 습관과 관련이 있다. 행동의 처음과 끝이 일관성이 있다고 할 수 있다. 돈이 새는 것을 막는다.
오늘 할 일을 내일로 미루지 않는 습관	실천력과 책임감을 나타낸다. 이러한 습관은 남들로부터 신뢰를 얻게 된다. 돈을 부르는 역할을 한다.
말보다는 실천하는 습관	앉아서 생각만 하는 것은 생산성이 없고 움직이고 실천해야만 뭔가를 이룰 수 있다. 실천과 실행력은 결단과 의지를 나타낸다.
칭찬하는 습관	어떤 말을 하느냐에 따라 자신도 살고 남도 살게 만든다. 항상 긍정적인 말, 칭찬의 말을 하는 것이 필요하다. 칭찬은 친화력을 가져온다.
약속 잘 지키는 습관	약속은 바로 신뢰와 직결되어 있다. 약속을 잘 지키면 신뢰가 쌓이고, 신뢰는 돈을 부른다.
항상 웃는 습관	'웃으면 복이 와요' 라는 말처럼 웃음은 돈을 부른다. 밝은 얼굴은 주위에 사람이 모이게 하고 관계성과 친화력에 절대적인 역할을 한다. 돈을 부르는 역할을 한다.

돈을 내쫓는 습관

이번에는 우리가 일상에서 하는 습관 중에 돈을 내쫓는 습관에 대해 알아보기로 한다.

습관	경향
물건을 아무 데나 두는 습관	정리정돈이 되지 않은 상태로 주위가 지저분하고 복잡하다. 이런 상태는 돈이 새고 위험에 노출되어 있다.
기록하지 않는 습관	정확한 관리를 하지 않고 주먹구구식으로 일이나 돈 관리를 한다. 자신의 일상이나 돈 관리가 제대로 되지 않아 돈이 나간다.
물을 틀어놓고 세면하는 습관	정신상태가 이완되어 있어 절제되지 않고 있다. 이런 상태는 돈이 줄줄 새나간다.
늦잠 자는 습관	정신적으로 피로한 상태. 게으른 습관은 기회를 잃게 만들고, 매사에 이완되어 있어 재무위험에 노출된다.
계획하지 않는 습관	계획하지 않는 즉흥적이고 주먹구구식 방법은 시간과 경제적인 측면에서 많은 비효율을 발생하기 한다. 무계획은 실패의 위험과 돈이 새나가는 위험에 노출된다.
충동구매 과소비 습관	무절제 무계획의 결과로 자신의 경제에 큰 위험을 초래한다. 돈이 새어나간다.
가계부를 적지 않고 월 카드 사용 내역만 확인하는 습관	매일매일 자신의 수입과 지출을 다악하는 가계부 작성습관은 자신의 잘못된 지출을 즉각 파악하고 고칠 수 있는 반면, 월말 사용 내역서만 확인하는 것은 사후약방문이고 후회만 낳게 된다. 그리고 고쳐야 되겠다는 생각은 그때뿐이고 잘 고쳐지지 않는다. 돈이 새어나간다.
인사를 잘하지 않는 습관	인간 관계성과 친화력에 악영향을 끼치고 그에 따라 성공과 돈 버는 기회가 사라진다.
퍼주는 습관	정확하지 못한 돈 거래나 마음이 약해서 자신의 뜻과 다르게 돈을 남에게 빌려주거나 해서 돈을 날려 거나 돈 문제 때문에 힘들게 된다. 돈이 새나간다.
마무리 못하는 습관	일을 벌여 놓고 마무리를 못하는 것은 실속이 없을 뿐더러 오히려 문제만 야기시킨다. 돈을 밀어낸다.
게으른 습관	가난을 불러오는 습관으로 돈을 딜어낸다.

습관	영향
물건 놓고 그냥 오는 습관	다른 데 정신을 빼앗겨 챙길 것을 챙기지 못한다. 이러한 상태는 물건을 분실할 위험뿐만 아니라 자신의 일이나 일상생활에서도 문제나 위험이 발생하게 된다. 돈이 새나간다.
쓰고 남으면 저축하는 습관	미래보다는 현재의 행복에 더 의미를 두고 살고 있으며 미래에 다가오는 자신의 돈 문제를 인식하지 못하는 상태. 돈의 위험에 노출되어 있다.
열면 닫지 않는 습관	서랍을 열든 책상을 열든 옷장을 열든 물건을 꺼내고 닫지 않는 것은 항상 자신의 흔적을 남기는 것이며, 마무리가 되지 않아 자신을 위험에 노출시킨다. 돈이 빠져나가는 역할을 한다.
미루는 습관	일이나 해결해야 할 문제를 바로바로 처리하지 않으면 일만 쌓이고 문제는 더 큰 문제로 다가온다. 돈이 나간다.
큰 소리 치는 습관	허풍은 실속이 없는 행동이며 말보다는 조용히 행동하는 것이 필요하다. 일확천금의 위험에 노출될 수 있다.
뒷담화 잘하는 습관	쓰는 말에 따라 인생이 달라진다. 나쁜 이야기나 남을 비방하는 말들은 자신을 오히려 나쁘게 만든다. 돈을 밀어낸다
로또 구매 습관	한방에 큰돈 벌고 요행을 바라는 마음은 성공에 큰 걸림돌이 되고 돈이 새어나간다
도박하는 습관	도박은 패가망신의 지름길이다.
흡연 습관	보이지 않는 독인 흡연은 자신의 건강을 해치고 돈이 새나가게 한다.
음주 습관	음주는 자신의 건강을 해치게 하고 자신의 경제에 악영향을 준다. 돈이 새나간다

 **재무심리 TIP**

재무적인 관점에서 돈, 행복, 사람됨을 찾는 방법은 무엇일까? 무엇보다 중요한 것은 세상이 주는 편리함에서 벗어나 나와 내 가정, 내 미래에 집중하는 것이다. 인생관, 가정관, 미래관을 정립해야 한다. 그래서 내가 좇지 않아도 그들이 나를 따라오게 만들어야만 진정한 의미의 인생을 살 수 있다. 이를 두고 '뉴플러스'라 부른다. 뉴플러스란, 플러스가 만연한 시대에 플러스만 보고 따라가는 삶의 방식에서 벗어나, 언제 터질지 모르는 내 발 밑의 폭탄, 즉 다가오는 마이너스를 제거하여 인생을 플러스로 전환시키는 방식이다.

재무심리와
돈에 대한 믿음

사람마다 돈에 대한 믿음, 즉 돈에 대한 가치관이 모두 다르다. 돈에 대한 믿음은 자신의 재무행동에 고스란히 영향을 미친다. 돈을 어떤 가치로 보는지에 따라 재무심리에 영향을 미치고 또한 재무행동의 결과로 나타난다.

돈을 좋은 것으로 보는지 아니면 나쁜 것으로 보는지에 따라 돈을 많이 가질 수도 있고 아니면 돈을 멀리하게 되는 것이다. 이러한 돈에 대한 믿

음을 머니스크립트Money Script라고 한다. 머니스크립트는 Money와 Script(대본)의 결합어다. 돈에 대한 믿음이 사람들의 재무행동의 대본이 되어 그 대본대로 행동하게 하는 것이다

그림에서 보듯 밤의 3가지 형태가 있다. 당신의 경우 밤 하면 떠오르는 이미지는 셋 중 어느 것인가? 단순한 그림이지만 밤을 어떤 시각으로 바라보느냐에 따라 인생이 달라진다. 가시에 싸인 밤은 돈에 대한 상처와 아픈 기억 때문에 돈을 나쁘게 생각하는 시각을 의미하고, 가장 오른쪽의 알밤은 돈이란 맛있고 좋은 것이라는 시각을 의미한다.

당신의 자녀가 밤을 어떤 형태로 기억하기를 바라는가? 돈이란 까놓은 알밤과 같아서 손으로 집어 냉큼 입으로 가져가면 되는 것으로 알고 있다면 어떨까? '돈이란 좋은 것이니 많이 가질수록 하고 싶은 것도 마음대로 할 수 있다.' 즉 돈의 유익만 알고 있다면 결국에는 가시 달린 돈의 속성을 만나 돈이 주는 아픔을 맛보게 될 것이다. 귀한 자녀일수록 철저하고 냉정하게 돈에 대해 교육을 시켜야 한다. 부모가 자신은 밤을 까느라 찔리고 베이면서도 자녀에게는 알밤만을 주고 있다면 결국 자녀의 인생을 망치는 결과를 가져올 수도 있다. '자식에게 고기를 잡아주기보다는 고기를 잡는 법을 가르쳐 주라' 는 명언이 있다. 이 말은 건강한 재무심리를 가리키는 말이고 건강한 재무심리를 가져야 부자가 될 수 있다는 말로 해석할 수 있다.

요컨대 돈이란 가시가 달린 밤도, 가시를 벗겨냈지만 껍질이 있는 밤도, 껍질을 벗겨낸 밤도 될 수 있다는 균형감각을 길러야 한다. 돈을 가시 달린 밤으로만 생각하면 돈이란 접근하면 찔리는 것이어서 멀리해야 하는 것으로 인식하게 만들며, 반대로 돈을 잘 까놓은 알밤으로만 생각하면 쉽게 섭취하려다가 가시에 찔려 온갖 상처가 날 수 있다. 돈이란 때로는 어렵게 얻는 것이지만 때로는 맛있게 먹을 수 있는 다양한 속성을 지니고 있다.

 **재무심리 TIP**

남편이 중견기업의 회장인 K씨. 과거 남편의 월급이 48만원이던 시절, 악착같이 모아서 43만원을 저축했다. 남편이 출근하고 나면 집안이 반짝반짝할 정도로 열심히 청소했다. 지금 나이가 60세인데도 군살을 찾아보기 힘들다. 평생을 운동하듯 살아왔기 때문이다. 현재의 남편이 있기까지는 K씨의 적극적인 내조가 큰 힘이 되었다. 남편도 인정하는 바다. 운동하듯 일하는 습관을 들이면 몸도 마음도 건강해진다. 삶에 활력이 생기면서 얼굴에도 웃음꽃이 핀다. 사람들은 그 모습에 이끌려 '함께 일하고 싶은 사람, 한 번이라도 더 만나고 싶은 사람'으로 평가할 것이다. 웃고 즐기면서 운동하듯 일을 하면 풀리지 않던 문제도 술술 잘 풀린다.

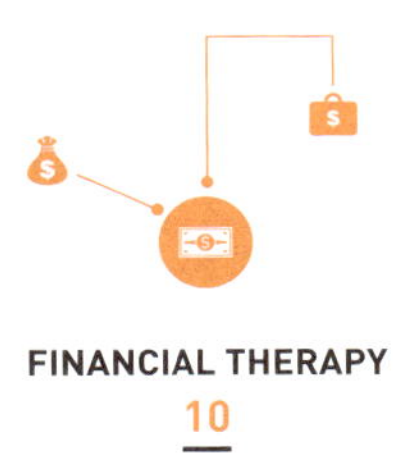

머니스크립트(Money Script)

머니스크립트는 '돈이 말을 한다' 혹은 '돈이 명령한다'고 해석할 수 있다. 머니스크립트는 Money와 Script의 합성어이다. Script는 대사 대본을 의미한다. 연극이나 영화 배우들은 주어진 대사와 대본에 따라 연기를 한다. 이처럼 우리도 자라면서 환경으로부터 돈에 대해 보고 듣고 배운 것들이 잠재의식 속에 자신도 모르게 저장되어 고착화된다. 고착화되어 있는 돈에 대한 말들이 평소에는 가만히 있다가 돈과 관련된 행동을 할 때만 명령을 내려 자신의 고정관념대로 행동을 하게 되는 것이다.

예를 들어 "돈은 있다가도 없고 없다가도 있는 것이다"라는 문장이 고착화되어 있다면, 돈에 대한 악착같은 마음이 없어 돈을 벌고 쓰는 것에 아주 관대해진다. 이처럼 자신도 모르게 고착화되어 있어 행동으로 나타나는 것이 바로 머니스크립트이다.

 머니스크립트가 재무행동에 미치는 영향

머니스크립트	재무행동에 미치는 영향
돈은 많으면 많을수록 좋다	더 많은 돈을 갖기 위해 돈을 좇고 돈을 숭배하는 행동을 하게 한다.
돈은 쓰기 위해 버는 것이다	돈을 쓰는 일에 집중한다. 저축보다는 쓰는 행위에 당위성을 부여한다. 충동구매, 과소비, 퍼주기, 나누는 행동을 유발시킨다.
돈은 악(惡)이다	돈의 나쁘고 어두운 면만 보게 되므로 돈에 대해 경계하게 만들고 돈을 멀리하게 만든다.
부자들은 그들이 가지고 있는 것을 가질 자격이 없다	부자들을 경멸하고 돈 많이 가진 자들은 불법적이고 정당하지 못하다는 생각은 부자를 저주하게 만들고 자신을 부자와 멀어지게 만든다. 돈을 밀어내는 행동을 하게 만든다.
가난한 사람들은 게을러서 가난한 것이다	게으름은 가난을 가져오기 때문에 가난하지 않으려고 아주 열심히 일하게 만든다.
미래 나의 삶은 항상 풍족할 것이다	미래에 대한 낙관은 현재의 저축보다는 소비에 집중하게 만든다.
위험을 감수하는 것은 나쁜 일이다	위험을 싫어하고 안전 위주의 사고와 행동을 하게 한다. 그리고 위험을 수반하는 투자 등을 싫어하고 회피하게 만든다.
이 세상은 돈으로 넘쳐난다	세상이 돈으로 넘쳐나기 때문에 자신에게도 언제나 돈을 가질 기회가 있다는 생각을 하게 만들고 막연한 기대감으로 현실에 최선을 다하지 못하게 한다. 세상에 돈이 넘쳐나더라도 자신이 준비되지 않으면 잡을 수 없음을 알아야 한다.
어떤 이유라도 빚을 져서는 안 된다	자신의 삶이나 다른 사람의 삶을 통해 빚의 문제점에 대해 잘 알고 빚에 대한 트라우마로 인해 빚을 절대 지지 않으려 한다.
어떤 이유라도 남에게 돈을 맡겨서는 안 된다	직접 혹은 간접경험을 통해 남에게 돈을 맡기면 위험하고 손해를 본다고 생각하여 절대 남을 믿지 않고 돈을 맡기지 않는다.
돈은 행복을 가져다준다	돈을 행복의 조건으로 여기고 있어 돈을 많이 가지면 더 행복해질 거라 생각하고 돈을 많이 가지려는 행동을 하게 된다.
성직자는 돈을 많이 가지면 안 된다	성직자는 거룩하고 성스럽고, 반대로 돈은 세속적이고 더러운 것이라는 생각이 잠재되어 있다. 이런 가치관이 자신에게 무의식적으로 돈을 밀어내는 행동을 하게 만든다.
가난이 미덕이다	돈의 폐해나 부자들의 안 좋은 측면이 강조되거나, 가난을 합리화하는 생각이 깔려 있다. 그러나 가난은 미덕이 될 수 없고 반드시 해결해야 할 인생의 과제이다. 이런 생각은 자신을 가난하게 만든다.

머니스크립트	재무행동에 미치는 영향
돈을 벌기 위해선 열심히 일해야 한다	열심히 일을 하면 돈을 더 벌 수 있다는 생각을 가지고 있다. 하지만 이런 생각이 너무 강하면 일중독으로 나타나기도 한다.
나는 돈을 많이 가질 자격이 없다	스스로 부자가 될 수 없다는 생각을 가지고 있고, 이러한 생각은 자신을 돈으로부터 멀어지게 한다.
돈보다 사람이 중요하다	돈보다 사람이 중요하다는 생각은 어려운 사람을 보거나 돈으로부터 문제를 당한 사람을 보면 자신의 돈을 나눠주거나 퍼주게 된다.
많은 돈을 벌었다면 그것은 비도덕적으로 얻은 것이다	부의 축적 과정에서 발생하는 부정한 방법에 대한 혐오로 인해 건전한 부의 축적까지 부정한다. 부자를 부정한 사람들로 치부한다는 것은 곧 자신은 부자가 되지 않겠다고 선언하는 것과 마찬가지다. 따라서 돈을 밀어낸다.
나는 돈을 많이 벌 수 있을 정도로 이재에 밝지 못하다	돈을 불리고 키우는 데는 이재가 필요하다고 인지하지만, 자신에게는 이재가 부족하여 크게 불릴 수 없다고 생각한다. 이러한 생각은 투자나 재테크에 대한 관심을 가로막는다.
만약 큰돈이 생기면 누구에게도 이야기하지 않는다	큰돈이 생기면 사람들이 귀찮게 하고 문제를 일으킬 수 있다는 생각으로 비밀로 하려 한다. 이러한 생각은 큰돈을 숨기게 하고 음성화시킨다.
돈이면 안 되는 게 없다	돈의 위력이 막강하다는 사실을 절감하고 있다. 이러한 생각은 돈을 좇고 돈을 숭배하는 행동을 가져온다.
나는 돈에 대해 관대하다	돈에 대해 정확하고 절제하는 마음이 약하고 오히려 관대하여 돈을 소비하게 만들고 남에게 돈을 퍼주게 만든다.
돈은 돌고 도는 것이다	돈의 주인이 없다고 생각한다. 모든 사람에게 기회가 있다고 생각하여 자신에게도 기회가 올 것이라는 기대를 하게 만든다. 자신이 처한 현실에서 희망을 주기도 하지만, 일상에서 최선을 다하지 못하게 한다.
돈을 벌려면 돈이 따라오도록 해야 한다	돈을 좇기보다는 돈이 자신에게 오도록 여건을 조성해야 한다. 이러한 생각은 돈에 무관심하게 만들 수도 있고, 오히려 돈이 자연적으로 자신에게 들어오도록 모든 여건을 차근차근 만들고 준비하게 만들기도 한다.

돈에 대한 믿음, 생각, 행동의 관계

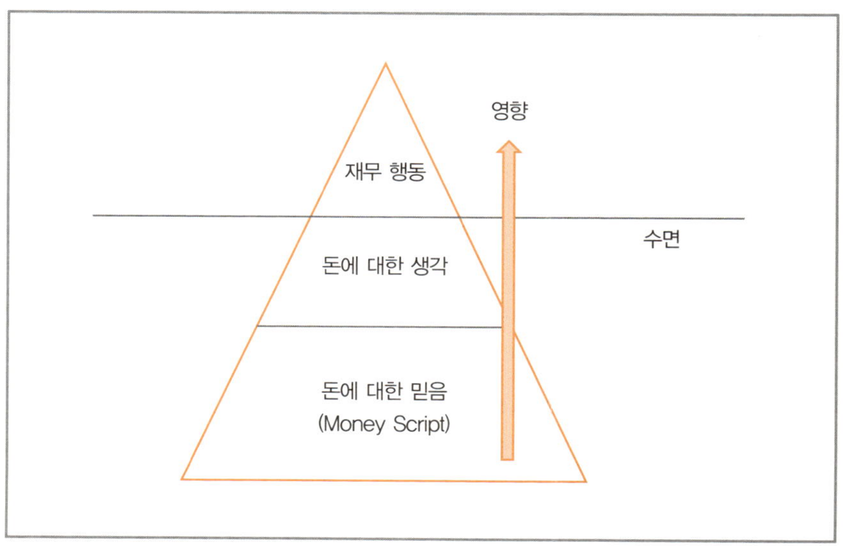

돈에 대한 믿음(가치관)이 돈에 대한 생각에 영향을 미치고 돈에 대한 생각이 재무행동에 영향을 미친다. 재무심리는 돈에 대한 생각, 태도, 믿음으로 이루어져 있다. 그 역학 관계는 믿음이 생각으로, 생각이 행동으로 나타나는 것이기 때문에 돈에 대한 믿음과 가치관의 정립이 매우 중요하다. 따라서 돈에 대한 균형적이고 건전한 가치관 형성이 최우선이다. 자라나는 어린이나 청소년들의 돈에 대한 가치관 정립이 절실히 필요하고 재무심리 교육이 시급한 이유가 여기 있다.

 **재무심리 TIP**

건강한 재무심리와 허약한 재무심리

〈건강한 재무심리〉

"하루를 흑자 내야 한 달을 흑자 내고 일 년을 흑자 내고 평생을 흑자 낸다."

이러한 재무심리는 철저히 자신의 수입에 따라 그 안에서 지출하여 항상 흑자를 만들어 미래를 위해 저축하는 사람들이 가지는 심리이다. 건강한 재무심리는 예산관리를 철저히 하도록 만든다.

〈허약한 재무심리〉

"하루를 흑자 내지 못하면 한 달에 흑자 내면 되고 한 달에 흑자 내지 못하면 분기로 흑자 내면 되고 분기로 흑자 내지 못하면 일 년 결산하여 흑자 내면 되고 일 년에 흑자 내지 못하면 장기적으로 흑자 내면 된다."

이처럼 항상 느긋하게 장기적인 관점에서 관리를 하다 보니 심리적으로 여유를 가지기 쉽고, 그러한 느슨한 심리가 합리적이지 못한 지출을 유발하고 지속적인 적자를 내어 궁극적으로 적자 누적으로 부도가 나게 되는 것이다.

결론적으로 우리의 재무심리는 얼마나 현실적이고 돈에 대해 민감한지와 막연한 여유와 느슨함 등이 우리의 재무행동 즉 돈을 벌고 돈을 쓰고 돈을 불리고 돈을 나누는 행동에 좋은 영향과 나쁜 영향을 미친다. 가정경제나 사업에도 공히 적용되어야 하는 재무심리이다.

재무심리와
마인드세트(Mind-set)

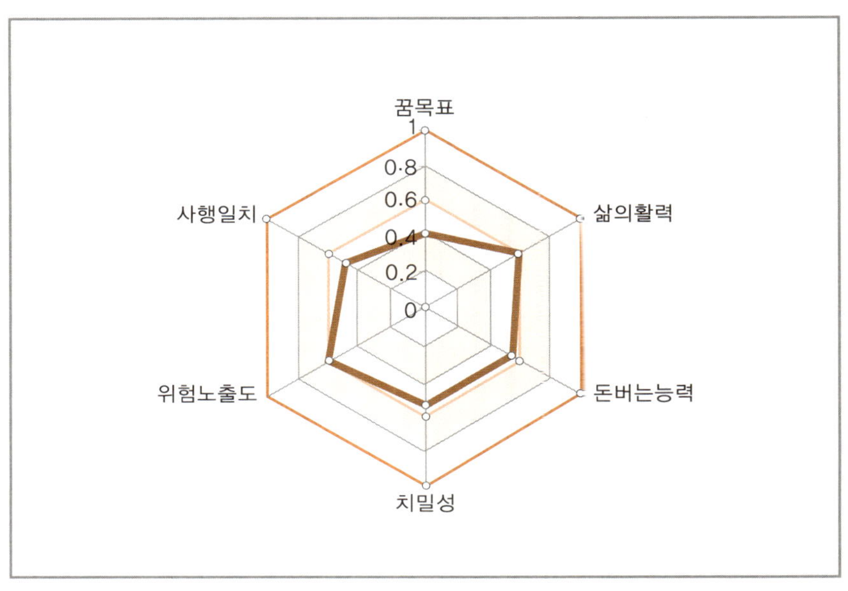

우리의 머리속에 어떤 것이 들어 있느냐에 따라 인생이 달라지고 우리의 마음속에 무엇이 살아 움직이느냐에 따라 돈이 들어오고 나가는 것이 결정된다. 재무심리적인 측면에서 보는 마인드세트는 다음과 같은 요소들로 구성되어 있고 각각의 구성요소는 그 사람의 돈과의 관계를 나타내 준다.

마인트세트에 나타난 각각의 구성요소를 하나씩 자세히 살펴보기로 하자.

재무심리 TIP

'도전' 보다는 '경험' 이 우선이다. 그래서 나는 젊은이들에게 도전하지 말고 경험하라고 부탁한다. 수많은 젊은이들이 도전이라는 이름하에 젊음을 낭비하고 시간을 허비하고 있다. 10년간 '도전' 해서 대기업을 가는 사람과 10년간 일을 '경험' 하면서 돈을 벌어 온 사람의 미래가 어떻게 달라질까? 10년간 번 돈을 화폐의 시간 가치로 본다면 인생에 엄청난 차이를 가져온다. 예를 들어 10년간 2억을 모았다면 복리의 효과가 더해져 결국 수십억이 될 수도 있다. 10년이면 복리의 차이가 만들어 낼 돈의 가치는 상상 이상이다. 359바퀴와 360바퀴의 차이를 깨달아야 한다. 돈의 시간표로 보면 인생은 빨리 시작할수록 더 많이 이루고 더 많이 벌 수 있다. 반면 더 많이 버는 인생으로 시작하고 싶어서 시간을 투자한다고 하여 어떤 보장이 있는 것도 아니다. 지금 할 수 있는 일을 일단 시작하면서 미래를 준비해야 한다.

마인드세트 : 꿈과 목표

꿈의 구조와 순서

| 내 인생의 꿈 | → | 가정의 꿈 | → | 돈의 꿈(재무목표) | → | 가족과의 공유 | → | 직업에 대한 꿈 |

꿈과 목표는 우리 삶에 어떤 의미를 가지고 어떤 역할을 하는 것인가? 지금까지 수많은 사람들이 '꿈을 가져라, 목표를 세워라, 그래야 성공한다'고 강조하고 가르쳐왔다. 그 이유는 무엇일까? 그렇게 중요한 성공의 요소인데 왜 실천이 안 되는 것일까?

그림 ▌ 꿈의 구조

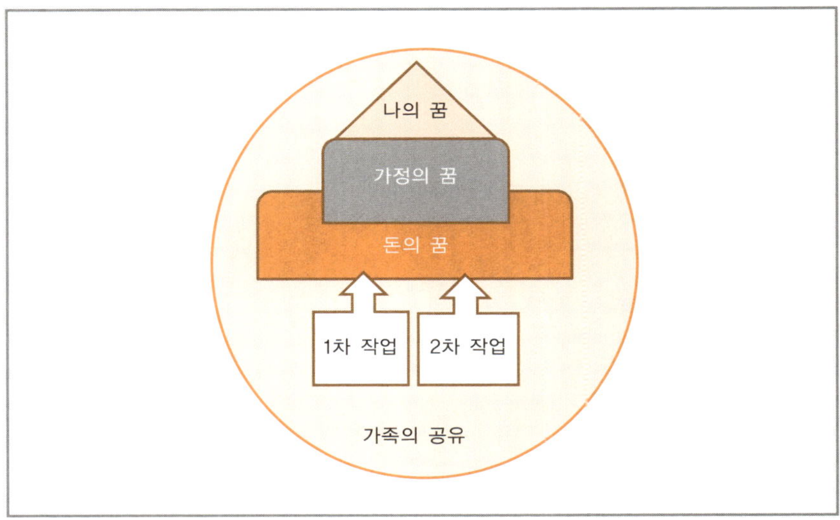

꿈과 목표를 가져야 하는 이유

꿈과 목표는 삶의 방향이 되고, 모든 행동의 이유와 동기로 작용한다.

꿈과 목표가 구체적으로 정해져 있지 않다는 말은 정해진 방향 없이 삶이 방황하고 있다는 말이고 어떤 것도 이루기 어렵다는 말이 된다. 방향과 목표가 정해지지 않은 우리의 행동에는 반드시 무언가를 해야 하는 이유와 동기가 사라지고 해도 그만 안 해도 그만이라는 무기력을 가져오게 된다. 뿐만 아니라 이러한 삶을 살다 보면 수많은 시행착오와 좌충우돌로 인해 다치고 깨지게 된다. 재무적인 관점에서 본다면 경제적 손실과 시간낭비 등 재무적인 위험을 초래하는 결과를 가져온다.

반면에 꿈과 목표가 명확하다면 정반대의 결과를 가져오게 된다. 즉 삶의 방향이 구체적으로 정해지고 목표가 세워지면 모든 행동들이 그 목표와 꿈을 향하게 되고 확실한 동기부여를 가져오게 되어 삶의 의지, 열정, 기쁨, 보람 등을 경험하며 살아가게 된다. 당연히 일도 즐겁고 그러다 보면 성공도 꿈도 이루어지게 되는 것이다.

꿈은 어떤 것으로 이루어져야 하는가?

막연한 꿈은 꿈이 아니다. 자주 인용되는 명언 중에 "Boys be ambitious! (청년들이여 야망을 가져라)"는 말이 있다. 미국의 교육자인 윌리암 S. 클라크의 말로 큰 것을 이루기 위해 희망과 열정을 가져야 함을 역설하고 있다. 물론 희망과 열정이 없다면 목표를 이루기란 매우 어려울 것이다. 하지만 그 전에 강조하고 싶은 것은, 목표가 우선 명확해야만 그 야망도 빛을 발하게 된다는 사실이다. 가슴에 뜨거운 불덩이를 안고 산다고 하여 모두 성공하는 것은 아니다. 현실을 외면한 꿈은 지도 없이 목적지를 찾는 것과 같다. 목적지에 도달하고자 하는 열망이 큰 것과 지도를 가져야 한다는 것은 별개의 문제다.

따라서 꿈을 이루기 위해 먼저 구체적으로 꿈을 세우고 목표를 정하고 계획하고 실천하는 이 성공의 프로세스를 강하게 구축해야만 한다.

꿈의 구조

누구나 자신만의 이름과 얼굴과 기질을 가지고 세상에 태어난다. 세상에 나는 유일한 존재이다. 일생을 통해 자존감을 유지하는 것은 무척 중요하다. 우리는 자신보다는 남을, 혹은 가족을 생각하다 보니 자신은 사라지고 부모, 자녀, 직장에서는 부장, 과장, 대리 등으로 살아간다. 많은 사람들이 평생 가족과 직장을 위해 일하다가 어느 날 문득 자신의 삶이 없는 것을 발견하고 허망함과 인생무상을 토로한다. 한 번뿐인 인생, 과연 누구를 위해 내가 걸어왔는지 자신도 규정할 수 없게 되어버리는 것이다.

따라서 자신을 먼저 세워야 한다. 그리고 자신의 꿈을 꾸고 세우기 위해 노력하고 연습해야 한다.

- 이름: 홍길동
- 꿈 : 남들을 가르치며 세상에 도움이 되는 사람으로 한평생 산다

  남들을 치료하며 세상에 도움 되는 사람이 된다

  소박하게 살더라도 남한테 도움 받지 않고 도와주면서 사는 사람이 된다

자신의 꿈을 세웠으면 그 인생에 맞는 가정에 대한 꿈을 세워야 한다. 어떤 배우자를 만나 몇 명의 자녀를 두고 어떤 집에서 살며 어떤 생활을 하며 자녀들의 미래를 생각하며 아름다운 가정을 그려보는 것이 필요하다.

돈이 없이는 자신이 계획하는 삶과 행복한 가정을 이루기 힘들다. 가장 중요한 목표이자 꿈이 바로 돈에 대한 계획과 목표이다. 돈의 꿈은 집을 지으려면 반드시 필요한 땅이라고 할 수 있다.

아무리 좋은 집을 설계했더라도 땅이 없으면 이루어질 수 없듯이, 어떤 꿈과 목표를 가졌더라도 그것을 위해 필요한 돈의 계획이 없다면 사상누각이 될 것이고 허망한 꿈이 되고 만다.

어떤 사람들은 자신의 인생을 두고 고민한 끝에 구체적인 계획을 세우고 가정에 대한 꿈도 가지고 있지만 정작 그것을 이루기 위해 필요한 돈의 꿈이 구체적이지 못해 그 꿈은 사라지고 현실적으로 많은 경제적 어려움을 겪는다.

반면 어떤 사람들은 돈에 대한 목표가 명확하고 열심히 노력하여 돈은 가지고 있지만 자신과 가정의 꿈이 세워지지 않은 경우 또한 있다.

재무적인 측면에서 보면 단순히 꿈만 좇고 돈의 꿈을 등한시하는 사람은 결국 돈 문제로 꿈을 이루지 못할 뿐 아니라 돈 때문에 고통 받는 경우가 많다. 그렇지만 돈의 꿈이 명확한 사람은 꿈을 이룰 확률도 그만큼 높아진다.

완전한 인생을 위해서는 자신의 꿈, 가정의 꿈, 돈의 꿈이 모두 있어야 한다. 하지만 그 중 꼭 하나만 선택하라고 하면 돈의 꿈이 가장 중요하다.
돈의 꿈은 모든 꿈의 주춧돌이다. 돈의 꿈이 가장 현실적인 꿈이다.

넷째, 직업에 대한 비전과 꿈이 있어야 한다.

돈의 꿈을 구체적으로 세웠다면 필수적으로 수입기 안정적으로 유지되어
야 한다. 직업이나 사업 등이 수입원으로 작용할 것이다. 따라서 이 수입
원이 끊기거나 변화가 생기면 돈의 꿈이 성취되는 데 큰 영향을 받게 된
다. 그래서 직업에 대한 꿈과 계획 그리고 자기계발이 중요해지는 것이다.

다섯째, 가족과 꿈의 공유가 되어야 진정한 꿈이라고 할 수 있다.

우리 모두는 가족이라는 공동체 속에서 행복을 위해 서로 노력하며 살고
있다. 하지만 서로의 생각이 다르고 목표가 달라 갈등을 겪고 불행해 하는
사람들이 의외로 많다. 따라서 자신의 꿈과 가정의 꿈과 돈의 꿈 그리고
직업의 꿈을 가족과 공유하여 서로 가정 행복을 위한 동반자 내지 협력자
가 되어야 한다. 그러기 위해서는 가족 간의 공유가 정말 중요하다. 가족
이 공유하지 않는 꿈은 이루어지기 어렵고 이루어지더라도 공감 받지 못
하는 경우가 생긴다. 가족의 공감을 받지 못하는 꿈은 개인의 꿈으로 남을
뿐이고, 꿈을 이뤄 생기는 행복을 반감시키는 결과를 가져온다.

인생의 1라운드와 2라운드

독립하여 퇴직할 때까지를 인생의 1라운드, 그 이후는 인생의 2라운드라 규정할 수 있다. 예전과 달리 이제는 수명의 연장으로 100세시대로 불린다. 그만큼 2라운드가 길어지고 필요한 돈 또한 더 많아지게 되었다. 1라운드에서 번 돈으로 2라운드를 살기에는 턱없이 부족하고, 또한 상대적으로 젊어진 은퇴로 인해 일을 하지 않고 여생을 보내기에는 너무나 긴 시간이다.

그래서 2라운드를 꾸려갈 직업을 새로 찾기도 하고 사업을 시작하기도 한다. 하지만 2라운드의 직업이나 사업은 어렵고 위험이 따른다. 잘못하면 가진 돈마저 날려버리는 경우가 허다하다. 이러한 상황을 인식하고 누구나 예외 없이 1차 작업과 2차 직업을 미리 준비해야 한다. 그래야 인생의 행복과 가정의 풍요를 지킬 수 있다.

1라운드에서 대부분 원하는 직업을 가지고 기쁘고 즐겁게 사는 경우는 드물다. 대개는 돈을 벌지 않으면 안 되는 상황에서 소득원으로 일할 뿐이다. 그래서 일이 즐겁지 않고 노동이 되는 것이다. 회사나 일터에 가고 싶어 새벽부터 일어나 즐겁게 출근하는 사람이 몇이나 될까?

그렇다면 2라운드에는 어떻게 해야 할까? 또 다시 하고 싶지 않은 일에 끌려다니며 돈을 버는 인생을 살 것인가? 그런 삶을 원하는 사람은 아무도 없을 것이다. 그러면 어떻게 자신이 하고 싶은 일을 하면서 돈을 벌며 살 수 있는가? 방법이 있다.

그것은
1. 인생의 1라운드와 2라운드가 있다는 사실을 알아야 한다.
2. 2라운드(2차 직업)에 대한 목표를 미리 세우고, 2라운드에 필요한
   전문성과 기술을 퇴직 전, 즉 1라운드에서 완벽히 준비한다.

성공적인 2라운드를 준비한 사람들

❶ 콘셉트와 분위기가 있는 커피숍 사장

1라운드에서 커피에 대한 모든 지식과 바리스타 자격증을 준비하고, 필요하면 커피의 본산에 여행을 다니며 커피스토리를 기록하고 자신의 생각을 정리하고 나름의 콘셉트와 커피 철학을 갖추는 게 필요하다. 퇴직 후 단기간에 이루어질 수 있는 것들이 아니다. 미리 2라운드의 인생을 생각하고 최소 10년 이상 장기적으로 준비해야 전문성을 갖출 수 있고 성공도 할 수 있는 것이다. 이렇게 된다면 퇴직 후 돈을 벌기 위해 하기 싫은 일을 해야 할 필요가 없으며, 혹은 전문성이나 경험 없이 사업에 뛰어들어 퇴직금을 다 날리고 실패한 인생의 굴레를 쓰지 않아도 된다. 오히려 즐겁고 기쁘고 하고 싶은 일을 하면서 돈을 버는 축복받은 제2라운드의 인생을 살게 되는 것이다.

❷ 야생화 전문 사진작가

등산을 취미로 하는 사람들이 많다. 등산을 하는 이유는 건강과 좋은 사람들과의 만남 때문이다. 그리고 등산 후 즐기는 막걸리 한잔은 정말 좋은 것이다. 하지만 등산을 하더라도 어떤 사람은 사진기를 가지고 다니며 산과 야생화를 계절별로 사진에 담고, 좀 더 좋은 사진을 위해 사진기술을 익힌다. 퇴직 후 야생화 사진작가가 되어 전시회도 열고 새로운 제2의 인생을 사는 사람이 있다.

"2라운드의 직업은 취미를 직업으로 바꿀 수 있는 절호의 기회이다"

인생 설계도

사례 보기 ┃ 한 대학생의 인생 설계

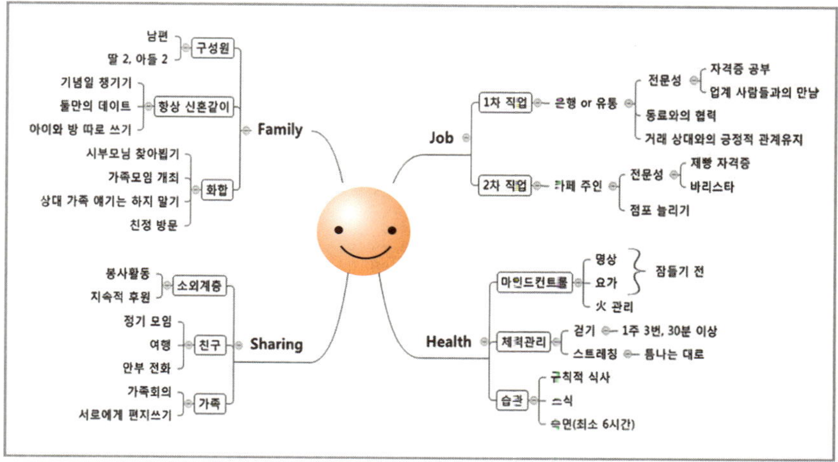
구성원
남편
딸 2, 아들 2
항상 신혼같이
기념일 챙기기
둘만의 데이트
아이와 방 따로 쓰기
화합
시부모님 찾아뵙기
가족모임 개최
상대 가족 얘기는 하지 말기
친정 방문
Family
Job
1차 직업 - 은행 or 유통
전문성
자격증 공부
업계 사람들과의 만남
동료와의 협력
거래 상대와의 긍정적 관계유지
2차 직업 - 카페 주인
전문성
제빵 자격증
바리스타
점포 늘리기
소외계층
봉사활동
지속적 후원
친구
정기 모임
여행
안부 전화
가족
가족회의
서로에게 편지쓰기
Sharing
Health
마인드컨트롤
명상
요가
火 관리
잠들기 전
체력관리
걷기 - 1주 3번, 30분 이상
스트레칭 - 틈나는 대로
습관
규칙적 식사
소식
숙면(최소 6시간)

인생시간표

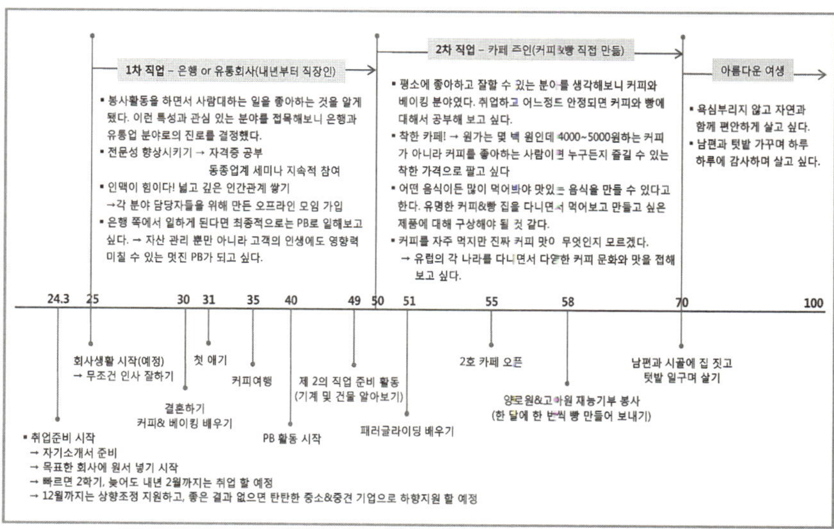
1차 직업 - 은행 or 유통회사(내년부터 직장인)

• 봉사활동을 하면서 사람대하는 일을 좋아하는 것을 알게
됐다. 이런 특성과 관심 있는 분야를 접목해보니 은행과
유통업 분야로의 진로를 결정했다.
• 전문성 향상시키기 → 자격증 공부
                동종업계 세미나 지속적 참여
• 인맥이 힘이다! 넓고 깊은 인간관계 쌓기
→각 분야 담당자들을 위해 만든 오프라인 모임 가입
• 은행 쪽에서 일하게 된다면 최종적으로는 PB로 일해보고
싶다. → 자산 관리 뿐만 아니라 고객의 인생에도 영향력
미칠 수 있는 멋진 PB가 되고 싶다.

2차 직업 - 카페 즈인(커피&빵 직접 만듦)

• 평소에 좋아하고 잘할 수 있는 분야를 생각해보니 커피와
베이킹 분야였다. 취업하고 어느정도 안정되면 커피와 빵에
대해서 공부해 보고 싶다.
• 착한 카페! → 원가는 몇 백 원인데 4000~5000원하는 커피
가 아니라 커피를 좋아하는 사람이면 누구든지 즐길 수 있는
착한 가격으로 팔고 싶다
• 어떤 음식이든 많이 먹어봐야 맛있는 음식을 만들 수 있다고
한다. 유명한 커피&빵 집을 다니면서 먹어보고 만들고 싶은
제품에 대해 구상해야 될 것 같다.
• 커피를 자주 먹지만 진짜 커피 맛이 무엇인지 모르겠다.
→ 유럽의 각 나라를 다니면서 다양한 커피 문화와 맛을 접해
보고 싶다.

아름다운 여생

• 욕심부리지 않고 자연과
함께 편안하게 살고 싶다.
• 남편과 텃밭 가꾸며 하루
하루에 감사하며 살고 싶다.

24.3 25   30 31   35   40   49 50 51   55   58   70   100

회사생활 시작(예정)
→ 무조건 인사 잘하기
첫 애기
커피여행
제 2의 직업 준비 활동
(기계 및 건물 알아보기)
2호 카페 오픈
남편과 시골에 집 짓고
텃밭 일구며 살기
결혼하기
커피& 베이킹 배우기
PB 활동 시작
패러글라이딩 배우기
양로원&고아원 재능기부 봉사
(한 달에 한 번씩 빵 만들어 보내기)

• 취업준비 시작
→ 자기소개서 준비
→ 목표한 회사에 원서 넣기 시작
→ 빠르면 2학기, 늦어도 내년 2월까지는 취업 할 예정
→ 12월까지는 상향조정 지원하고, 좋은 결과 없으면 탄탄한 중소&중견 기업으로 하향지원 할 예정

인생시간표

<table>
<tr><td>

나의 꿈

숲의 꿈(내적)

- 혼자 잘 살기 위해 발버둥 치지 않고, 나보다 힘든 사람을 돌아보고 베풀 수 있는 따뜻한 사람이 되고 싶다.
- 지나간 과거에 얽매이지 않고 새로운 날들을 위해 달려나가는 긍정적인 사람이 되고 싶다.
- 일회일비. 젊다는 핑계로 다혈질을 합리화시키고 있지만 미래에는 스스로 감정을 컨트롤 할 수 있는 성숙한 사람이 되고 싶다.
- '나는 예쁘다. 나는 할 수 있다' 자존감을 높이고 나를 사랑할 줄 아는 사람이 되고 싶다.
- 내가 만나게 될 사람들이 갖고 있는 단점을 이해하고 포용할 수 있는 마음 넓은 사람이 되고 싶다.

나무의 꿈(외적)

- 패러글라이딩 도전! → 어린 시절부터 하늘을 날아보는 것이 소원이었다. 처음에는 체험으로 타보고 매력적이면 자격증도 도전해보고 싶다.
- 영어 회화 완전 정복! → 해석은 되지만 말은 못하는 것이 문제! 회화학원이나 미국 드라마 보면서 영어 공부 → 외국인과 프리토킹 꼭 하고 싶다!!!
- 스쿼시 배우기 → 열심히 배우다가 발을 다쳐서 그만 두었는데 계속해서 미련이 남는다. 날 무시했던 코치의 코를 납작하게 해주고 싶다.
- 이태리 요리&베이킹 배우기
- 배낭여행 떠나기(아르헨티나-칼라파테 페리토 모레노 빙하공원, 칠레-아타카마 사막 투어, 터키-카파도키아 열기구 투어 등…)
- 스킨스쿠버 배우기 → 바다 생물 탐험 및 도전을 통해 한계를 시험해 보고 싶다.
- 지속적으로 운동하기! → 체력이 안 좋아서 많이 웃기만 해도 금새 힘이 빠진다. 낮잠 안 자도 팔팔하게 하루 보낼 수 있을 정도로 체력 향상시키고 싶다!!!!
- **부모님께 효도하기.** 가정의 꿈이 될 수도 있지만 부모님께 효도하는 건 진짜로 나의 꿈이다. 엄마께서 모든 것을 희생하셨기에 항상 좋은 것만 드리고 싶다.

</td><td>

나의 꿈

- 평생 사랑하고 설레는 마음 편하지 않는 행복한 가정을 이루고 싶다.
- 성남, 분당 지역의 30평 아파트(전세)-방만 4개면 OK
  → 집 사는 것에 대한 환상은 있지만 현실적으로는 전세가 좋다고 생각한다.
- 아이와 아빠의 관계는 정서형성에 매우 중요하다고 생각하기 때문에 '아이들과 몸으로 놀아주기'는 가정의 규칙으로 정해서 지켰으면 좋겠다.
- '안돼'를 외치는 엄마가 아닌, 아이의 행동을 이해하고 그 관점을 이해해 주는 엄마가 되고 싶다 → 아이들이 틀에 박힌 사고를 하지 않고 자유롭게 생각을 펼칠 수 있었으면 좋겠다.
- 남편을 사랑하는 만큼 그 사람을 키워 준 부모님도 존중하고 사랑할 줄 아는 현명한 여자로서 가정을 이루고 싶다.
- 매달, 혹은 필요할 때마다 가족회의를 통해 중요한 일을 결정하고, 서로의 일상을 공유할 수 있는 화목한 가정을 꾸리고 싶다.
- 나이 먹고, 자식들 모두 출가한 후에는 남편과 단 둘이 조그마한 주택에서 행복하게 노후를 보내고 싶다.

배우자

- 가족 많고, 화목한 가정에서 성장해 온 남편
- 남자의 권위보다 다정한 아빠가 되기 위해 노력하는 남편
- 엄마가 항상 말씀하신 것처럼 '배려심' 많은 남편
- 절제의 미덕을 아는 남편
  → 친구, 술, 유흥 좋아하는 거 이해해 줄 수 있지만 가족이 힘들어 하지 않는 선 까지만!! 절제 할 줄 알았으면 좋겠다.

아이들

- 딸 2, 아들 2. 어느 한 명도 외롭지 않게 짝 맞춰주기
- 공부 잘하는 아이보다 마음이 따뜻한 아이로 키우기
  → 남편, 아이들과 정기적인 봉사활동 할 수 있었으면 좋겠다.
- 부모의 사랑을 충분히 받는다고 느끼지만, 의존적이지 않고 독립적인 아이들로 커줬으면 좋겠다. 그렇게 키우고 싶다.

</td></tr>
</table>

돈의 꿈(계획)

◻ 현재 진행 중인 항목

이벤트 (꿈)	내용	시기	목표자금	금융상품	월 불입 금액	목표 수익률(년)	비고
1	결혼자금	6년 후	5천만	적립식 펀드	60만원	8%	필수 이벤트
2	주택자금	10년	1억 5천	변액보험	35만원	8%	
3		6년 후	1천만	주택청약	유동적 (5~7만원)	4.5%	
4	노후자금	40년	10억	연금보험	15만원	4.3%	
5			1억	저축보험	17만원(12년 납)	4.1%(복리)	
6	비상자금	6년 후	1천만	정기적금	10만원		
7	자녀 교육비	20년	3억	통장 1	5만원		
8	자녀 양육비	7년 후	4천만	정기적금	5만원		
9	자녀 결혼	30년	4천만	통장2	1만원		
10	해외여행(커피여행)	10년	1천만	정기적금	5만원		삶의 질
11	취미여가	5년	500만	통장 3	5만원		
12	자기개발비	10년 후	200만	통장 4	2만원		자아실현
13	경조사비	지금부터 쭉	100만	통장 5	2만원		
14	피부관리비	6년 후	100만	통장 6	1만원		
15	결혼 할 때 엄마 비상금	6년 후	1천만	통장 7 (정기예금)	---	3.5%	효도
위험자금	생명/재해/상해	평생	실손	손해보험	1만 6천원		필수 이벤트
		평생	생명	생명보험	12만원		

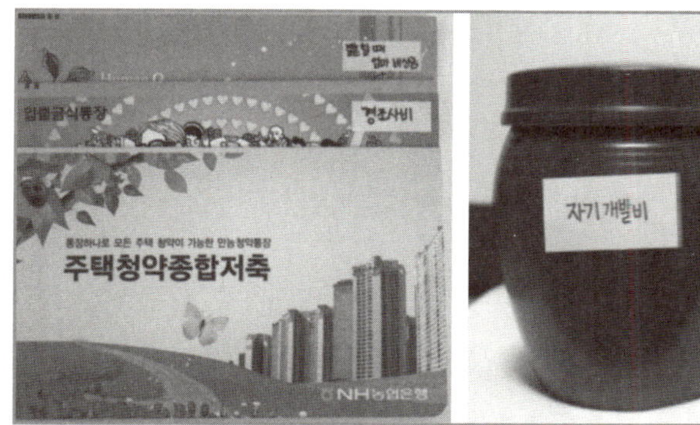

자가 평가 & Comment

<개인적 평가>

- 지금까지 내가 계획해왔던 부분과 앞으로 필요할 것이라고 생각되는 부분을 합하여서 돈의 금(계획)을 세워봤다.
- 금융 상품에 대한 지식 부족으로 어떤 자금을 모을 때 어느 것이 유리한지에 대한 효율적 판단이 어려웠다.
- 일정기간 이후 자금 사용이 확실한 항목은 정기적금을 이용할 계획이다.
- 신용카드는 쓰지 않고, 현금 또는 체크카드만 사용할 것이다.
  - → 카드를 쓰지 않으면 목돈이 들어가는 부분에서는 항상 부담을 느끼게 된다. 따라서 경조사비나 피부관리비처럼 자주 발생하는 event는 아니지만, 목돈이 들어가는 항목에 대해서는 조금씩 모아두어서 부담을 줄일 계획이다.
- 자녀의 결혼은 스스로 벌어서 가야 한다고 생각하기 때문에 자녀 결혼자금을 많이 모을 생각이 없다.
  - → 나 역시도 취업 후 번 돈을 모아서 결혼을 준비할 계획이다.(부모님께서도 결혼은 스스로 벌어서 가야 한다는 생각이 강하시다.)
- 아이를 4명 낳을 계획이라서 자녀 교육비 부문에서의 목표 자금을 높게 잡았다.
- 일반적으로 안정적 성향을 많이 추구하는 것 같다.

 **MOMMY'S COMMENT**

우리 딸 정말 자랑스럽다!!!!

놀랍고도 대견하다 내 딸!!

엄마 아빠도 너의 꿈이 이루어지도록 함께 하마

사랑한다^^

사랑하는 엄마가!!

마인드세트 : 삶의 활력

재무심리측면에서 보면 삶의 활력은 돈을 끌어 들이는 역할을 한다. 삶의 활력이 높으면 높을수록 에너지가 넘치고 남에게 긍정적인 에너지를 전달하여 호감을 갖게 한다. 사람과 돈이 오게 하는 역할을 하는 것이다. 삶에 활력을 주는 구성요소에는 가정의 화목과 일에 대한 기쁨과 만족, 원만한 친구 관계, 정신적인 스트레스, 육체적 피로, 행복지수 등을 들 수 있다.

가정의 화목

가화만사성(家和萬事成)이라는 말이 있다. 가정의 화목이 근본이고 제일 중요하다는 말이다. 가정이 화목하지 않거나 문제가 발생하면 삶의 활력은 떨어질 수밖에 없다.

일의 기쁨과 만족

가정의 화목 못지않게 자신이 하는 일에 대한 기쁨과 만족의 정도가 우리의 활력을 좌우한다. 일이 즐겁지 않고 항상 힘들게 느껴지고 고통스럽다면 얼굴은 미소를 잃게 되고 활력은 떨어질 것이다. 일이 정말 싫고 힘들게 느껴진다면 스스로 질문해 보라. 이 일 말고 다른 할 일이 있는지? 답을 명확히 그릴 수 없다면, 할 수 없다. 일을 즐겨야 한다.

거기에는 의지와 결심이 필요하다. 그러면 기쁨과 행복은 따라올 것이다. '웃으면 복이 와요'라고 하듯이 좋아서 기뻐서 웃고 즐거워하는 것이 아니라 매사를 기쁘게 즐겁게 여기고 일하면 행복과 성공은 따라온다는 말을 명심할 필요가 있다.

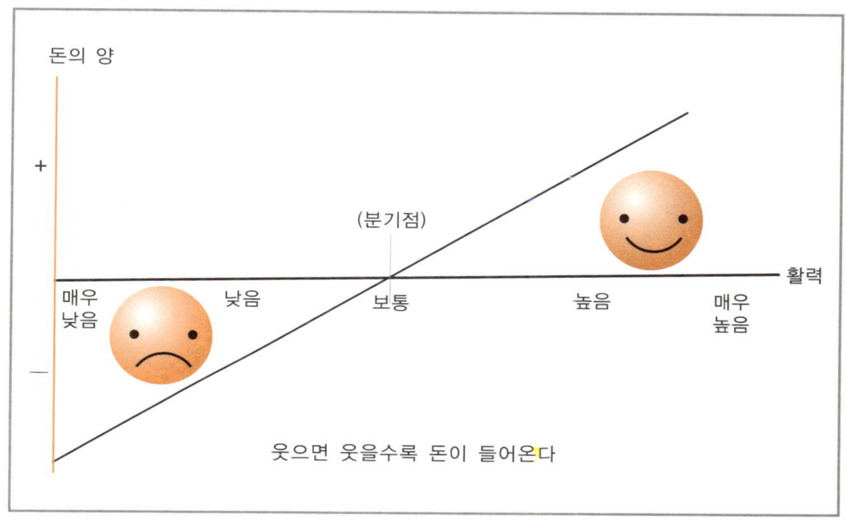

친구들과의 원활한 교제

가족이나 동료들에게 하지 못하는 이야기를 마음껏 털어놓을 수 있는 친구나 지인과의 만남이 원활하지 못하면 스트레스가 쌓이고 삶의 활력이 떨어지게 된다. 친구들과의 관계 또한 가정의 화목과 일의 만족만큼 중요한 관리 항목이다.

정신적 스트레스

일상에서 얼마나 정신적으로 스트레스를 받고 있는가에 따라 삶의 활력이 달라진다. 정신적인 스트레스 관리 또한 필요 항목이다.

육체적 피로

육체적으로 얼마나 지치고 피로해 있는지도 삶의 활력을 좌우한다. 정신적으로 스트레스는 받지 않지만 육체적으로 피로한 경우가 있다. 이러한 사람들은 자신의 일에 대한 만족감이 크고 기쁘게 일을 하지만 과중한 일로 인해 몸이 힘들어지고 지치는 경우이다. 어떤 경우라도 육체적 피로는 삶의 활력을 떨어지게 하는 결과를 가져오기 때문에 적절히 관리되어야 할 항목이다.

행복지수

자신이 얼마나 행복한 사람인지와 관련된 행복지수는 자신을 웃음 짓게 하고 활력을 높인다. 스스로 불행하다고 느껴진다면 먼저 자존감을 회복하는 것이 필요하다.

 **재무심리 TIP**

서론부터 맞고 틀림을 따지지 마라. 이해가 안 되는 부분은 그냥 넘어가라. 부자가 되려면 본론, 즉 행동으로 빨리 넘어가야 한다. '돈 버는 지식에는 무엇이 있고, 저 방법은 옳지 않고…' 모두 서론이다. 본론은 더 많이 가지고 불리는 행동이다. 곧바로 액션이다. 사람들은 생각이 많고 액션은 느리다. 또한 부자들, 성공한 기업을 비평하기 좋아한다. 아무 의미 없는 행동이다. 지금 밑바닥부터 뛰면서, 올라가는 계단을 하나라도 빨리 밟는 사람이 지혜롭다. 단, 내 행동을 이끌어줄 분명한 목표하에 움직여야 한다.

마인드세트 : 돈 버는 능력

재무심리측면에서 돈 버는 능력은 바로 돈을 끌어들이는 것과 직결되어 있다. 돈 버는 능력의 구성요소로는 근면성실, 관계성 및 친화력, 끈기, 실속과 셈, 신뢰, 돈에 대한 유연한 사고 등을 들 수 있다.

근면성실

돈을 벌기 위해서는 제일 덕목이 부지런하고 열심히 일하는 근면성실함이다. 일찍 일어나는 새가 먹이를 많이 얻는다. 개미는 부자가 되고 베짱이는 가난해지는 이치가 적용된다.

관계성 및 친화력

사람들과의 관계 및 친화력은 돈을 끌어들이는 능력을 나타낸다. 항상 인사 잘하고, 표정이 밝으며, 웃으며 생활하면 주변에 사람들이 많아진다. 무뚝뚝한 얼굴로 상대를 내 편으로 끌어들일 수 없다는 사실을 잊지 말아야 한다.

끈기

될 때까지, 끝까지 최선을 다하는 끈기는 성공을 가져오고 궁극적으로 돈이 들어오게 만든다. 이것저것 손대고 끈기가 없고 지속하지 못하는 사람에게는 실패만 남고 돈은 떠나간다.

실속과 셈이 빨라야 한다

이재에 밝지 못하고 항상 손해 보는 사람들에게는 돈이 새나가는 속성이 있다. 무슨 일을 하더라도 절대 손해 보지 않는다는 생각을 가져야 하고, 하나를 주면 2배, 3배를 얻겠다는 악착같은 마음이 있어야 한다.

신뢰

신뢰는 모든 일에 근본이 된다. 믿을 수 있는 사람이 되어야 하고 매사에 정확한 사람이 되어야 돈이 된다. 약속을 신중히 하고 약속하면 반드시 지키는 것이야말로 신뢰를 구축하는 최선의 방법이다. 신뢰는 돈을 부르는 역할을 한다.

돈에 대한 유연한 사고

돈을 버는 데 있어 자존심과 수단·방법은 매우 중요한 작용을 한다.

① **자존심**

돈 버는 데 있어 자존심을 내세우면 돈을 벌 수가 없다. 성공한 영업맨들의 공통점은 자존심 관리를 잘한다는 데 있다. 매사에 자존심을 내세우는 사람은 미성숙한 사람인 동시에 아마추어라고 생각하면 된다.

반면에 돈을 벌 때까지는 자존심이 자신의 주머니에서 나오지 않게 하는 사람은 성숙한 사람인 동시에 프로라고 할 수 있다. 진정으로 돈을 벌려고 하면 자존심을 집에 두고 나오는 성숙한 프로가 되어야 한다.

② **수단과 방법**

돈을 버는 데 있어 수단과 방법은 어느 기준에 적용하느냐에 따라 돈이 오기도 하고 안 오기도 한다. 돈 버는 기준이 도덕과 정의냐 아니면 법

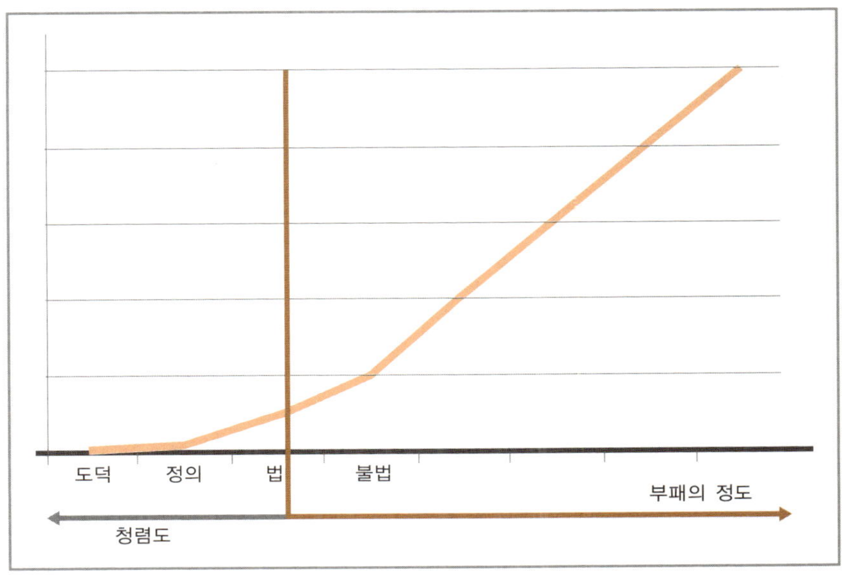

이냐에 따라 달라진다. 돈을 벌기 위해서는 법이 기준이 되어야 한다. 왜냐하면 법은 사회가 허용하는 기준이므로 이 법의 범위에서 수단과 방법을 가리지 않고 돈을 벌 기회가 오면 남에게 뺏겨서는 안 된다. 도덕과 정의가 기준이 된다면 법 없이도 사는 좋은 사람으로는 남을 수 있지만 부자가 되기는 어려울 것이다.

도덕적이고 정의로울수록 돈과 멀어지고, 법을 어기거나 부정부패를 할수록 돈은 많이 온다. 하지만 법을 어기고 돈을 버는 것은 범죄이며 결국 패망하게 된다.

결국 자신의 가치관에 따라 달라질 수 있어 어느 것이 옳다고 할 수 없지만 재무심리 측면에서 볼 때 돈은 부패의 정도에 따라 많이 들어오는 관계를 가지고 있다.

권력과 돈의 유착관계, 뇌물, 온갖 부정부패가 난무하는 이유는 이를 반증하고 있다고 할 수 있다.

마인드세트: 계획성과 치밀성

재무심리 측면에서 볼 때 계획성과 치밀성은 위험관리 능력이다. 즉 일상이나 업무, 사업 등에서 위험과 비효율을 사전에 관리 제거하는 역할을 하여 돈을 지키는 능력을 의미한다.

계획성

계획성은 매사에 어느 정도 계획적이냐에 따라 하고자 하는 목적이 성공적으로 이루어지는지 등 목표 관리 및 성취 평가의 척도가 된다. 사전에 철저한 계획을 세우면 위험과 비효율을 제거하는 효과를 가져온다.

치밀성

치밀성은 꼼꼼하게 챙기고 관리하는 능력을 의미한다. 위험은 보이지 않는 곳에 있고 아무나 볼 수 있는 큰 곳보다는 작고 보이지 않는 데서 발생하여 점점 커진다. 따라서 작은 것을 살피고 챙기는 능력은 성공의 필수 요소이다.

계획성과 치밀성은 우리의 정신이 위험에 어느 정도 민감한지, 위험을 대비해 항상 깨어 있는지 알려주는 척도가 된다.

마인드세트:위험노출도

재무심리 측면에서 볼 때 미래에 대한 자신의 경제적인 삶을 긍정적으로 보는지 아니면 비관적으로 보는지에 따라 돈에 다한 위험노출도가 달라진다.

미래를 지나치게 낙관적이고 긍정적으로 보는 경우, 자신의 미래는 풍요로울 것이고 소득은 계속적으로 증대하며 자신이 하는 일은 절대로 망하지 않을 것이다, 직장인의 경우 자신의 회사는 절대 망하지 않고 자신은 회사에서 자의든 타의든 절대 변동의 여지가 없다고 생각한다. 지나친 낙관과 긍정은 미래에 대한 불확실한 바람을 확신으로 바꾸는 오류를 발생시킨다. 하지만 회사는 언제든 망할 수 있고, 자신이 회사에서 퇴출되거나 스스로 이직을 선택할 수도 있다. 그 과정에서 예기치 못한 변수가 생길 수 있다.

위험에 대해서는 지나친 긍정도 비관도 금물이다. 지나친 낙관은 충동구매, 과소비 등을 유발하며 유아형이나 베짱이형에서 많이 나타난다. 지나친 비관은 미래가 불안하여 돈을 쓰지 못하는 저소비 증상을 유발하고 자린고비형에서 많이 나타난다.

또한 개인의 가치관 등도 돈과의 관계를 규정하는 요소로 작용한다. 예를 들어 남을 잘 믿는 사람은 사람으로 인해 상처를 받거나 경제적 손실까지도 입을 위험성이 높아진다. 고집이 강하여 남의 말을 잘 안 듣는 사람은 겪지 않아도 될 시행착오를 겪으며, 결국 실패의 대가를 치르게 되는 위험이 잠재해 있다. 투자에 있어서도 안전한 투자보다는 고수익을 추구하는 성향은 실패의 위험이 더 높을 수밖에 없다. 성격이 급한 사람은 추진력은 있지만 신중하지 못하여 실수할 위험이 높아진다. 이렇듯 성격에서부터 생각, 가치관 등은 행동으로 나타나며 위험노출도를 결정하는 요소가 된다.

마인드세트 : 사행일치(思行一治)

사행일치(思行一治)는 인생의 꿈, 가정의 꿈, 직업의 꿈, 돈의 꿈, 가족공유 등의 항목들을 얼마나 실천하는가를 의미한다. 사행일치 정도가 높으면 높을수록, 인생의 준비 정도가 낮으면 낮을수록 인생의 준비가 되지 않고 있다는 것이다. 대표적으로 말과 생각은 아주 좋은데 실천을 하지 않는 사람들이 사행일치가 낮다고 할 수 있다.

‘천리 길도 한걸음부터’라는 말처럼 자신이 세운 목표와 꿈을 위해 생각만 하고 있는 것이 아니라 작은 실천부터 시작하여 차근차근 준비하며 사는 것이 자신과 가정을 지키는 최선의 방법이다.

항목	기준	영적 상태	돈과의 관계	돈의 위험
꿈/목표	높을수록	깨어 있다	끌어온다	낮아진다
	낮을수록	자고 있다	밀어낸다	높아진다
삶의 활력	높을수록	깨어 있다 (활력 충만) (에너지 발산)	끌어온다	낮아진다
	낮을수록	자고 있다 (무기력, 우울증) (에너지 뺏음)	밀어낸다	높아진다
돈 버는 능력	높을수록	깨어 있다	끌어온다	낮아진다
	낮을수록	자고 있다	밀어낸다	높아진다
계획성/치밀성	높을수록	깨어 있다	끌어온다	낮아진다
	낮을수록	자고 있다	밀어낸다	높아진다
위험노출도	높을수록	낙관적	밀어낸다	높아진다
	낮을수록	비관적	끌어온다	낮아진다
사행일치	높을수록	깨어 있다	끌어온다	낮아진다
	낮을수록	자고 있다	밀어낸다	높아진다

재무심리와 유형(type)

그림 ❙ 돈의 눈으로 보는 사람의 유형(type)

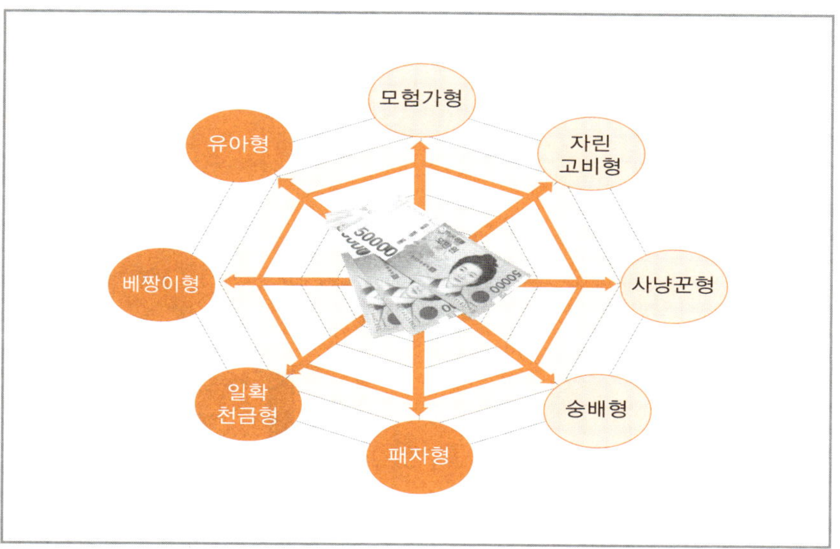

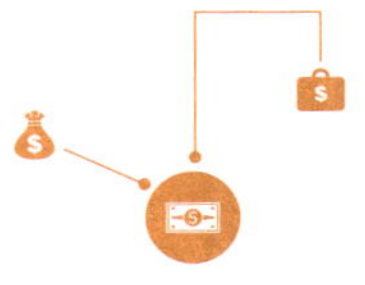

재무유형 (Financial Type)

유형별 특성

누구에게나 공통적으로 가진 인간의 본능이 있다. 서 있으면 앉고 싶고 앉으면 눕고 싶고 누우면 자고 싶다. 이러한 본성이 돈에 작용하여 유형이 결정되고 그 유형에 따라 부자의 유형과 가난의 유형으로 나뉘게 된다. 재무유형에는 총 10가지가 있다. 모험가형, 자린고비형, 사냥꾼형, 숭배형, 패자형, 일확천금형, 베짱이형, 유아형, 무념형, 무차별형 등이다.

누구나 10가지 유형을 어느 정도는 가지고 있다. 하지만 사람들마다 어떤 성향이 크게 나타나는지에 따라 재무유형이 결정된다.

모험가가 들어 있으면 돈에 대한 모험적인 행등을 할 것이고, 자린고비가 들어 있으면 자린고비 행동을 할 것이다. 또한 사냥꾼이 들어 있으면 돈을 사냥하러 쫓아다닐 것이고 베짱이가 들어 있으면 게으르고 나태한 베짱이 짓을 할 것이다. 일확천금이 들어 있으면 한방과 대박을 좇을 것이고, 돈에 대해 무지하고 너무 순진한 아이가 들어 있으면 돈에 대해 미성숙한 아기 같은 행동을 하게 된다.

어떤 성향이 강하냐에 따라 돈을 모으고 부자가 되기도 하고 실패하고 가난해지기도 한다. 그 결과 돈에 대해 패자가 되어 일생을 끌려 다니기도 하고 돈의 위력을 실감하고 돈을 숭배하고 모시기도 한다.

당신의 마음속에는 어떤 것이 자리 잡고 있는가? 부자가 되려면 유아형 특성과 베짱이 그리고 일확천금 등 가난의 속성을 버려야 한다. 10가지 유형별 특성을 자세히 살펴보도록 하자.

 **재무심리 TIP**

가장 균형적인 사람은 부와 명예, 권력을 모두 가진 사람이다. 3개의 크기보다는 밸런스가 중요하다. 부는 있는데 명예와 권력이 없으면 '졸부'라는 지탄을 받을 수 있다. 또 어떤 경우는 명예는 있는데 부와 권력이 없다. 이들을 가리켜 '청렴결백', '가난의 맹세를 한 사람'이라 부른다. 재무적으로 건강해지려면 3개가 균형감을 가져야 한다. 돈이 많으면 성공했다고 보는 것이 사회의 통념이지만, 진정한 부자로 인정하기는 어렵다. 3개의 균형을 잡아야만 진정한 부자가 될 수 있고, 부를 통해 행복도 얻을 수 있다.

① 특징

새로운 것에 호기심이 많고 도전을 두려워하지 않는다. 남에게 지기 싫어하며 대범하다. 가정적이기보다 성공지향적이다. 사업가형이며 리더형이다. 모험가 성향이 강하면 강할수록 돈을 많이 벌려 하고 크게 벌려는 성향의 소유자라고 할 수 있다. 모험가형은 부자 유형으로 큰 부자가 되기 위해 필요한 특성이다.

② 재무행동 특성

큰돈을 벌고자 하고 투자에 있어서 과감하고 위험을 감수하는 공격적인 투자를 한다. 또한 다른 사람을 믿고 투자를 맡기는 스타일로써 작은 것을 따지기 싫어한다. 상품의 내용을 자세히 알기보다 중요 내용과 수익에 관심이 많다. 투자에 있어서도 경쟁심리가 발동하여 때로는 끝장을 보려는 경향도 있다. 새로운 것에 관심이 많고 도전적이어서 신상품에도 적극적으로 반응한다.

③ 재무위험

이런 유형은 큰 것을 지향하고 도전적이고 진취적이라 큰 것을 이룰 수도 있지만, 그와 동시에 실패할 경우 오히려 큰 위험에 빠질 수 있다. 철저한 위험관리를 하지 않으면 자신과 가정에 큰 재무적 위험을 가져올 수 있다.

④ 재무행동 및 전략

- 세밀함과 치밀함을 키워야 한다

- 실패와 위험관리 능력을 반드시 키워야 한다

- 돈에 대한 지나친 욕심과 자신감을 절제하고, 차근차근 목표를 이루 어나가는 것이 필요하다.

- 사업가의 경우 경제적으로 가정과 회사를 분리해야 한다.

- 전문가의 도움을 받아 철저한 재무관리가 필요하다

- 투자성향이 공격적이라 위험을 분산하는 포트폴리오 전략을 세워 투자해야 한다.

- 중소기업 사장이나 자영업자의 경우 돈을 직원에게 믿고 맡기지 말 고 자신이 관리하여야 한다.

- 주위를 돌아보며 작은 나눔을 실천해보는 것이 필요하다. 우선 가족 이나 형제 친척들에게 시작하는 것이 자신의 삶을 바꾸게 된다는 것 을 경험할 필요가 있다.

① 특징

욕구를 최대한 절제하려고 안간힘을 쓰며 돈을 모으는 형이다. 아주 현실적이며 미래에 대한 불안으로 돈을 헛되이 쓰지 않는다. 남들이 돈에 대해 인색하다고 이야기하고 짠돌이, 짠순이라고 한다. 돈을 모으는 재미를 알고 현재보다는 미래를 위해 저축한다. 이런 유형은 다른 사람들과의 관계에 있어 원활하지 못한 경우가 많다. 부자 유형으로 부자가 되기 위해 필요한 특성이다.

② 재무행동 특성

재무적 특성으로는 남을 믿지 않는 특성이 있고 안전한 장기저축 위주의 투자를 선호한다. 투자에 신중하고 보수적이기 때문에 상품을 고를 때에도 철저히 살펴보고 알아본다.

③ 재무위험

안전한 저축위주와 보수적인 투자로 인해 투자의 기회를 놓치기도 하고 전문가의 도움 없이 자신이 스스로 금융상품을 알아보고 가입하기 때문에 잘못 선택하거나 중복의 위험이 있을 수 있다.

④ 재무행동 및 전략

- 돈을 안 쓰다 보니 대인관계에 문제가 발생할 수 있다. 따라서 남을 배려하는 마음을 가져야 한다.

- 재무설계사의 도움을 받아 구체적인 재무목표를 세우고 착실히 준비함으로써 자신과 가정의 재무적인 불안을 해소하는 것이 바람직하다.
- 소극적이고 저축 위주의 재무활동에서 벗어나, 전문가의 도움을 받아 안정적인 포트폴리오 투자를 통해 돈을 불리는 데 관심을 가져야 한다.
- 좀 더 심해지면 숭배형으로 진행되어 돈이 사람보다 더 좋아지게 되면 진정한 행복을 잃을 수 있으므로 균형을 유지해야 한다.

사냥꾼형

① **특징**

항상 어떻게 하면 돈을 많이 벌 수 있는지 고민하고 투자정보에 민감하며 돈을 잡으려 쫓아다니는 투자나 재테크 등에 관심이 많은 유형이다. 부자유형으로 부자가 되기 위해서는 돈을 키우고 불리는 이 특성이 필요하다.

② **재무행동 특성**

안전한 저축보다는 투자에 관심이 많고 적극적이다. 투자에 대해 연구하고 공부하고 나름대로 자신의 투자원칙을 가지고 있다. 고수익 투자상품에 관심이 많고 주식, 부동산에 투자한다.

③ 재무위험

투자 일변도의 포트폴리오 때문에 자신의 재무상황이 위험에 노출되어 있고, 투자 실패는 곧 자신과 가정에 경제적으로 큰 어려움을 가져온다. 전문가의 조언을 무시하고 직접 투자하여 낭패를 보기도 한다. 때로는 충동 매수와 불확실한 정보를 쫓아가다 큰 손해를 본다.

④ 재무행동 및 전략

- 정확하고 충분한 투자나 재테크 등에 대한 지식을 키워야 한다.
- 투자에는 반드시 위험이 따른다는 사실을 인지해야 한다.
- 항상 긴장감이 큰 생활을 해야 하기 때문에 정신적인 스트레스로 지치기 쉽고, 심하면 정신적 장애가 올 수 있다.
- 직접투자보다는 간접투자를 하고, 본인의 일에 충실히 하는 것이 건전한 재무활동이라는 것을 알고 실천해야 한다.
- 투자 이전에 재무설계가 우선이며, 그 안에서 투자전략이 세워져야 한다.

① 특징

돈이 최고이고, 많으면 많을수록 좋고, 돈이면 안 되는 것이 없으며, 때로는 돈이 신보다 더 강력하다고 생각하는 유형이다. 부자의 유형으로 지나치면 안 되지만 돈의 중요성과 가치를 아는 것이 필요하다.

② 재무행동 특성

저축이든 투자든 손해보는 것은 참지 못한다. 돈을 자신의 생명처럼 생각한다. 맹목적으로 돈을 우상시하고 좇는다. 투자나 돈을 버는 데 있어 수단과 방법을 가리지 않는다.

③ 재무위험

돈을 숭배하고 좇다보니 사람들과의 관계가 다 깨지고 악화된다. 돈은 가질 수 있으나 사람을 잃는다.

④ 재무행동 및 전략

- 어느 정도 돈을 중요시하는 경향이 있어야 부자가 될 수 있다. 하지만 너무 지나치지 않도록 하는 균형감을 가져야 한다.
- 돈은 숭배의 대상이 아니라 다스리는 대상이고, 돈이 인생의 목적이 아니라 단지 수단임을 명심해야 한다.
- 돈이 많으면 주위가 썩고 죽는다는 사실을 알아야 한다. 특히 자녀들의 재무심리에 장애가 와 건전한 재무활동을 하지 못해 문제를 일으

키게 된다.

- 재무심리 치료를 위한 전문가 상담이 필요하다.

① 특징

현재 돈으로부터 고통을 받고 있으며 경제적으로 삶이 어려운 상태에 있다.

② 재무행동 특성

투자나 저축은 생각할 여유가 없으며, 부채 해소가 주 관심사이다.

③ 재무위험

현재 경제적 문제 때문에 미래에 대한 준비가 안 되어 미래에도 경제적 위험이 오게 된다. 가족 모두가 돈으로부터 고통 받고 있으며 특히 자녀의 재무심리 형성에 악영향을 주어 가난의 대물림으로 이어질 수 있다.

④ 재무행동 및 전략

재무설계사와 상의해서 종합적인 재무점검과 설계를 해야 하고 현재의 재무문제를 해결하는 솔루션을 찾아 즉각 실형하는 것이 필요하다. 또한 가족의 재무심리 치료를 통해 건강한 재무심리를 가질 수 있도록 해야 하고, 특히 자녀의 재무심리 치료가 절실히 필요하다.

① 특징

빨리 큰돈을 벌어 멋진 인생을 살고 싶어 하는 유형이다. 가난의 유형으로 일확천금형은 반드시 제거되어야 한다.

② 재무행동 특성

조금씩 차근차근 버는 것은 성에 안차고 한방에 큰돈을 얻으려고 고수익 고위험에 투자한다. 장기상품보다는 단기상품에 투자하고 남에게 맡기기보다 자신이 직접 투자하는 경우가 많다. 주식, 선물, 옵션, 도박 등에도 쉽게 빠질 수 있다.

③ 재무위험

빨리 벌려다 위험을 간과하여 오히려 큰 손해를 보고 큰돈을 좇는 고위험상품에 투자하여 큰돈을 날려 패가망신하기도 한다.

④ 재무행동 및 전략

- 반드시 자신에게 있는 일확천금의 속성을 개선해야 한다. 그렇지 않으면 사업이나 가정경제에 큰 위험이 오게 된다.
- 모든 일에 서두르거나 무리하게 욕심내지 않고 차근차근 한 단계씩 진행하는 것이 필요하다. 투자 시에는 기다릴 줄 알고 적절한 수익을 목표로 하는 전략이 필요하다.

- 반드시 전문가에게 사업이나 가정 그리고 투자의 위험에 대해 조언을 받아야 한다.
- 재무심리 치료를 받아보는 것이 필요하다.

베짱이형

① 특징

어려운 것을 싫어하고 쉽게 돈을 벌어 편하게 살고 싶어 하는 유형이다. 가난의 유형으로 제거하지 않으면 가난을 불러오게 되므로 반드시 제거해야 한다.

② 재무행동 특성

이것저것 알아보는 것을 귀찮게 생각하고, 알아서 잘해달라고 하며, 믿고 맡긴다. 투자에 있어 본인이 직접 하지는 않지만 쉽게 돈을 벌 수 있는 상품에는 관심이 많고 투자하고 싶어 한다.

③ 재무위험

이것저것 따지지 않고 남에게 맡기다 보니 투자상품이나 보장상품 등의 중복과 위험분산이 안 되어 있어 큰 손해를 블 위험이 있다.

④ 재무행동 및 전략

- 게으른 본성을 없애야 한다.

- 열심히 일하고 땀 흘려 노력해야 건강하게 돈을 벌 수 있음을 알아야 한다.
- 돈에 대한 악착함과 끈기를 키워야 한다.
- 자신과 가정의 꿈과 목표 그리고 돈의 목표를 명확히 하여 일을 열심히 해야 하는 이유를 만들어야 한다.
- 전속 재무설계사를 두어 자신과 가정의 재무목표를 설정하고 관리를 받고 적절한 투자조언을 받는 것이 필요하다.

유아형

① 특징

돈의 무서움과 어려움을 잘 모르고 돈에 대해서 아이 같은 행동을 하는 사람이다. 어렵고 복잡한 것을 싫어한다. 자신의 미래에 대해서 낙관적이다. 여성에게 많이 나타나는 유형이다. 또순이형보다는 공주형이다. 지나친 유아형은 가난을 불러온다.

② 재무행동 특성

돈 문제가 생기면 스스로 해결하기보다 부모 형제에게 의존한다. 돈을 알뜰하게 모으고 불리기보다는 돈을 쓰기를 좋아한다. 현실의 행복을 위해 지출을 하고 미래에 대한 준비가 부족하다. 주 관심사는 외식, 여행, 쇼핑이다. 사고 싶은 물건을 못 사면 화가 난다.

때때로 미래에 대해 걱정은 하지만 실행이 잘 안 된다. 숫자나 이자율

등 계산하기를 싫어한다. 남의 말에 쉽게 넘어가기도 하고 충동구매를
하기도 하고 후회한다. 금융상품 가입도 충동적으로 하지만 쉽게 해약
하는 유형이다.

③ **재무위험**

체계적이고 합리적이지 못한 소비습관으로 인해 미래를 위한 저축이
부족해질 수 있고 항상 돈에 허덕이게 될 수 있다.

④ **재무행동 및 전략**

- 우선 돈의 무서움에 대한 인식이 필요하다.
- 철저한 예산을 세워 수입 지출을 관리하는 것이 필요하다.
- 미래에 반드시 다가오는 자신과 가정에 필요한 재무목표들을 파악하
  고 철저히 대비하는 것이 필요하다.
- 자신이 절제 통제하지 못하므로 재무전문가의 도움을 받아 자신과
  가정의 미래를 설계하고 실행할 수 있도록 하야 한다.

무차별형

① **특징**

모든 유형에 다 해당되는 유형이다. 돈에 대하 욕심도 있고 가지고 싶
고 좇기도 하고 모으기도 하지만, 방법이 게으르고 일확천금의 방식이
라 실패한다. 돈의 아픔을 경험하여 돈이 인생에서 제일 중요하고 최고

라고 생각하며, 돈의 위력을 절감하며 힘들게 살고 있다. 돈에 대해 좌충우돌하는 유형이다.

② 재무행동 특성

이것저것에 투자하기도 하고 보장상품에 가입했다가 해약하기도 하고 금융상품의 종류를 가리지 않고 여유만 되면 하려고 한다.

③ 재무위험

현재의 재무상태를 정확히 점검하고 재설계하여 위험을 제거하지 않으면 미래에 더 큰 재무 위험에 빠질 수 있다.

④ 재무행동 및 전략

- 전속 재무설계사를 정하고, 전문가와 함께 자신과 가정을 위한 재무상태를 종합적으로 점검하여 현재 경제문제의 해결방법을 찾는 것과 동시에 미래를 위한 재무설계를 동시에 종합적으로 실행해야 한다.
- 자기 안에 있는 베짱이, 일확천금, 유아형의 속성을 제거해야 하고, 이 속성이 실패를 반복시킨다는 사실을 알아야 한다.
- 재무심리전문가와 상담이 필요하다.

① 특징

어떤 유형에도 속하지 않는 유형이다. 전반적으로 돈에 대한 욕심이 적고 소극적인 사람이다. 성직자나 공무원 등 청렴형에 어울린다.

② 재무행동 특성

재무목표의 금액이 크지 않고, 저축 위주의 활동을 하며, 아주 소극적인 투자만 한다. 돈을 벌기보다는 안 쓰는 특성을 가지고 있다.

③ 재무위험

이런 마음으로는 부자가 되기 어렵다. 상대적으로 돈이 적은 청빈한 생활을 할 확률이 높다.

④ 재무행동 및 전략

- 현실에서 잘 살아 가려면 돈의 현실성을 인식해야 한다.
- 큰 부자는 아니더라도 인생에 꼭 필요한 돈에 대해 알고 그것을 열심히 준비해야겠다는 의지를 가져야 한다.
- 돈에 대해 좀 더 악착같은 마음을 갖고, 끈기를 길러야 한다.
- 재무설계사의 도움을 받아 자신의 재무목표를 구체화시키고 표준화시킬 필요가 있다. 남들과 비교하여 보통 수준의 인생 필요자금 준비라도 해야 한다.

재무유형 종합검진표

항목	기준	영적 상태	돈과의 관계	돈의 위험
유아형	높을수록	자고 있다	밀어낸다	높아진다
	낮으면	깨어 있다	끌어들인다	낮아진다
모험가형	높을수록	깨어 있다	적극적이고 크게 벌려고 한다	높아진다
	낮을수록	자고 있다	소극적	낮아진다
자린고비형	높을수록	깨어 있다	끌어온다	낮아진다
	낮으면	자고 있다	새나간다	높아진다
패자형	높을수록	죽어간다	돈이 주인	높아진다
	낮으면	살아 있다	사람이 주인	낮아진다
사냥꾼	높을수록	살아 있다	공격적 추구	높아진다
	낮으면	죽어 있다	안정적 추구	낮아진다
일확천금	높을수록	자고 있다	극단적 공격적 추구	위험 극대화
	낮을수록	깨어 있다	안정적	낮아진다
베짱이형	높을수록	자고 있다	밀어낸다	
	낮을수록	깨어 있다	끌어들인다	
숭배형	높을수록	죽어 있다	끌어들인다	돈의 양적 위험(小) 영적 위험(종속 大)
	낮을수록	살아 있다	밀어낸다	돈의 양적 위험(大) 영적 위험(종속 小)

재무유형 : 돈의 양과 위험의 크기

재무유형에는 부자가 되기 위해서 꼭 필요한 유형이 있는 반면, 버리지 않으면 실패와 가난을 가져오는 가난의 유형이 있다.

　부자 유형에는 모험가형, 자린고비형, 사냥꾼형, 숭배형이 속하고 이 유형들은 돈의 양을 결정짓는다. 모양이 크면 클수록 돈의 양이 크다는 것을 의미한다. 가난의 유형에는 유아형, 베짱이형, 일확천금형, 패자형이 속한다. 이 유형들은 돈을 가지기 위해 취하는 행동의 위험에 관한 유형들이다. 이 유형들은 작으면 작을수록 건강하고 위험이 적다는 것을 의미한다. 돈의 양이나 크기와 관계없이 자신이 가지고 있는 가난의 속성을 우선 제거해야 한다.

그림 ▮ 재무유형 : 돈의 양과 위험의 크기

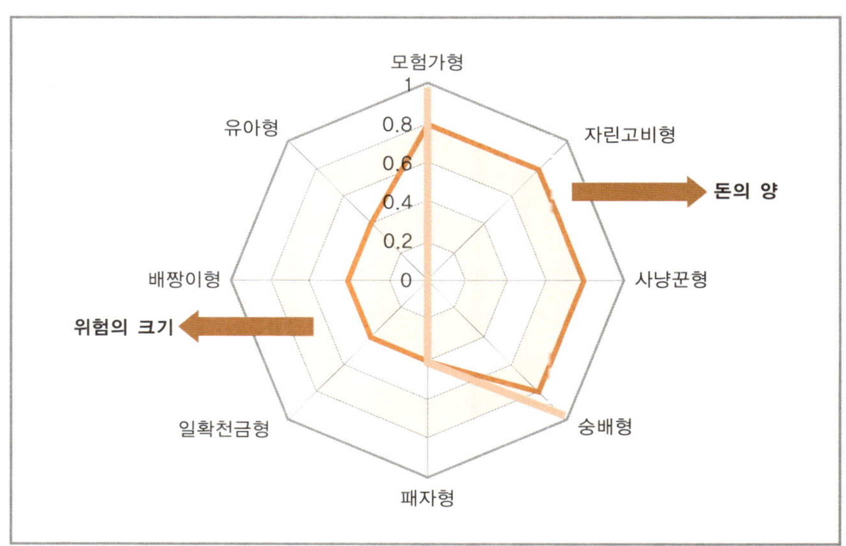

유형별 샘플

부자형
모험가형
자린고비형
사냥꾼형
숭배형
패자형
일확천금형
베짱이형
유아형
1
0.8
0.6
0.4
0.2
0

가난형
모험가형
자린고비형
사냥꾼형
숭배형
패자형
일확천금형
베짱이형
유아형
1
0.8
0.6
0.4
0.2
0

무차별형
모험가형
자린고비형
사냥꾼형
숭배형
패자형
일확천금형
베짱이형
유아형
1
0.8
0.6
0.4
0.2
0

무념형
모험가형
자린고비형
사냥꾼형
숭배형
패자형
일확천금형
베짱이형
유아형
1
0.8
0.6
0.4
0.2
0

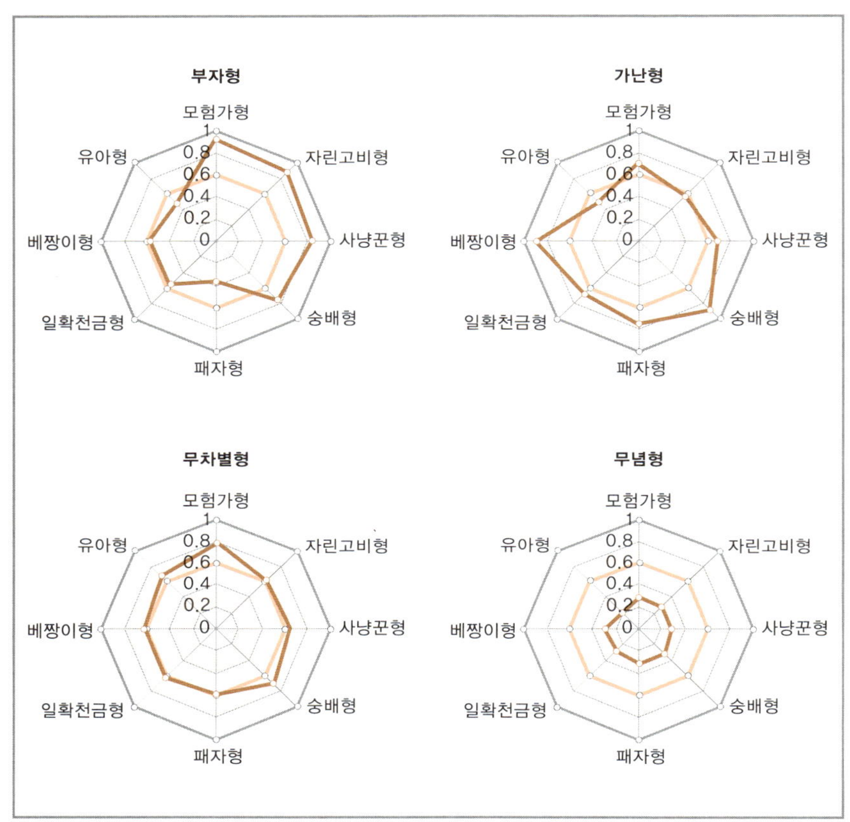

유형별 사례

사례 1

선물옵션 투자로 10억을 번 사람이 잘 다니던 대기업 과장을 그만두고 전업투자의 길로 들어섰다. 3년 뒤에 다 날리고 개인파산 신청을 하였다. 왜 그럴까?

● **재무심리 진단**

이 사람은 일확천금형과 사냥꾼형이 가득하고 모험가의 성향이 지배했기 때문이다. 절대 남의 말을 듣지 않고 자신만의 투자 성공의 원칙을 가지고 있고 거기에다 동물적 감각까지 가지고 있다고 자신했던 사람이다.

만약 이 사람에게 자린고비적인 성향이 크게 있었다면 어땠을까?

10억이란 돈이 한꺼번에 들어오니 크게 보이지만 실제 대기업에서 정년 때까지 근무했다면 들어오는 수입을 포기할 정도의 큰돈은 아니기 때문에 성급하게 전업투자자로 돌아서지는 않았을 것이다.

이와 유사하게 로또에 당첨되면 바로 직장을 그만두는 것이 유사한 심리적 작용에 의해 일어나는 현상이다.

아내는 가정을 위해 열심히 돈 벌고 고생하는데 세상에 급한 것이 없고 느리고 잠만 자고 일하지 않고 무슨 일을 하더라도 지속하지 못하고 쉽게 그만두는 남편.

- **재무심리 진단**

이 남편의 유형은 베짱이형이 아주 강하다. 또한 재무장애로는 의존증이 나타난다. 아무리 이야기하고 잔소리를 해도 열심히 일하지 않는다. 그 이유는 자신 안에 큰 베짱이가 들어 있기 때문이다. 그로 인해 일을 해야 하는 이유가 없고 안 해도 살 수 있으니까 그러는 것이다. 이런 유형은 불이 나야만 깜짝 놀라 나가게 되므로 주위의 가족이나 아내는 남편의 정신에 불이 나도록 극단의 조치를 취해야 한다. 게으른 속성과 의존성이 있는 사람을 만나면 인생이 힘들어진다.

사례 3

조그만 기업에서부터 그룹 회장까지 급성장하다 어느 날 하루아침에 망하게 되는 사람.

- **재무심리 진단**

이 사람은 모험가형이며 일확천금형이 아주 강한 유형이다. 돈을 권력이나 힘으로 보고 많으면 많을수록 좋은 숭배형의 성향을 가지고 있다. 그래서 만족이 없고 더 가지고 더 키우려고 인수 합병 등으로 확장하다가 실패하게 된다. 사업을 하는 사람들은 항상 자신의 마음속에 이러한 것들을 알고 절제할 수 있도록 철저하게 자신 마음대로 결정하기보다는 조직적으로 시스템적으로 의사결정을 할 수 있도록 하고 철저한 위험관리 능력을 겸비해야만 한다. 또한 보이는 외형의 크기보다는 실속을 중시하는 마음으로 전환하는 것이 필요하다.

사례 4

돈에 대한 욕심이 없고 작은 것에 만족하며 열심히 사는 사람.

● 재무심리 진단

이 사람은 무념형에 속하고 더 강하면 성직자 유형으로 분류된다. 이 사람의 마음에는 돈에 대한 애착이 부족하고 악착함이 없다. 그래서 가족이 모두 같은 가치관으로 산다면 문제가 없지만 다른 가족, 특히 배우자가 부자가 되고 싶어 한다면 갈등의 요소가 된다. 이런 사람은 공무원, 경리, 관리직, 성직자 등이 어울린다.

돈을 자신이나 남을 위해 절대 쓰지 않고 모으는 사람.

● **재무심리 진단**

근원적인 원인은 미래에 대한 불안 때문이다. 불안이 커서 저소비 장애가 나타난다. 마음에는 자린고비가 가득하다. 결국에는 돈 때문에 가족부터 시작하여 주위사람들과의 관계가 악화되어 외톨이가 된다. 그러다 보니 또 돈에 더 애착이 가고 모으는 재미에 빠지게 되는 것이다.

이런 사람은 미래의 경제적 불안을 근원적으로 해소하는 것이 가장 중요하다. 미래에 다가오는 돈 문제를 너무 크게 보고 현실을 비관적으로 보기 때문이다. 전문가의 도움을 받아 미래의 경제적 불안을 재무목표로 세우고 하나씩 제거하는 것이 필요하고 본인 스스로가 편안해질 때까지 문제를 제거해주는 것이 필요하다.

형제들 사이에서도 아내 중 한 명이 이러한 성향이 강하게 나타나면 형제들의 관계가 깨지는 경우가 많다. 이런 사람을 욕하기보다 이해하고 도와주는 마음이 문제 해결에 도움이 된다.

쇼핑을 좋아하고 여행 다니기 좋아하고, 돈을 쓰지 못하면 짜증을 내고, 절약하라고 하면 화를 내며, 남편에게는 돈을 더 벌어오라고 하며, 골치 아픈 것은 딱 질색인 아내.

● **재무심리 진단**

이 아내는 유아형의 특성이 강하다. 아이처럼 미래보다는 현재에 충실하고 절제력이 약하다. 돈만 많으면 아주 우아하게 공주처럼 살 수 있는 사람이지만 현실에서는 쉽지 않은 유형이다.

돈에 대해 좀 더 성숙해질 필요가 있고 소비 유예의 기쁨과 절제를 통한 성숙함을 키울 필요가 있다. 자신과 가정의 재무적 위험을 인식하고 철저하게 준비하는 재무심리 테라피를 받는 것이 좋다.

재무심리와 장애(Disorder)

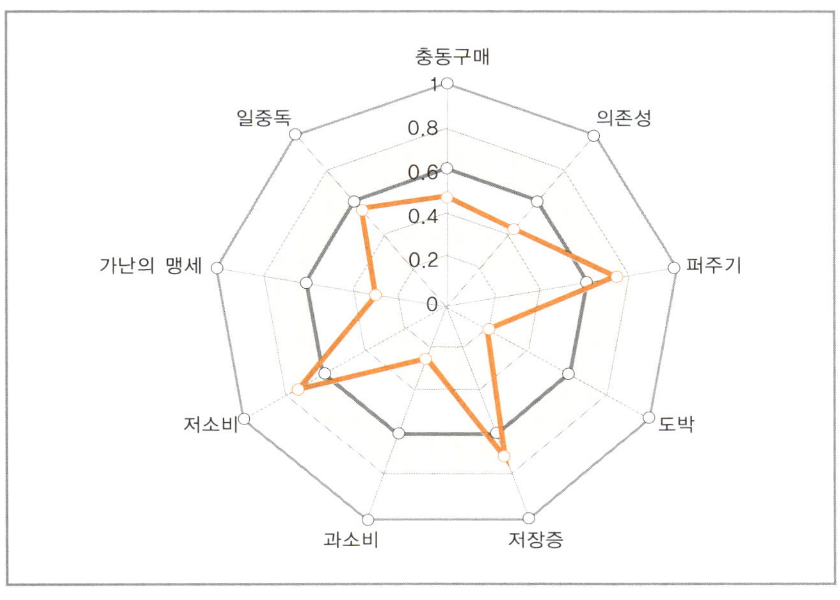

재무장애(Disorder)

재무장애란 건강하지 못한 재무심리로 인해 건전한 재무활동이 일어나지 못하고 오히려 잘못된 재무행동들을 유발시켜 돈을 무분별하게 유출하여 재정상태를 악화시키거나 오히려 돈을 모으고 쓰지 않기 위해 정상적인 삶을 살 수 없게 하는 행동들이다. 재무장대에는 충동구매, 과소비, 저장증, 퍼주기, 저소비, 가난의 맹세, 일중독, 도박, 의존증 등 총 9개가 있다.

재무장애:충동구매

사전적 의미로는 물건을 살 필요나 의사 없이 물건을 구경하거나 광고를 보다가 갑자기 사고 싶어져 사는 행위라고 정의한다. 또한 경제용어로는 소비자의 구매행동의 하나로써 기분이나 감각에 따라 재화나 서비스를 소비하는 행태를 말하며, 1990년대 초부터 소비의 다양화, 개성화, 분산화 경향에 따라 사회적 규범이나 가치관보다는 단순히 좋고 싫음이라는 감성에 따라 선택하는 경향으로 나타났다.

충동구매의 원인은 미래에 대한 인식에 기인한다. 자신의 미래가 아주 낙관적이고 풍요로울 것이라는 막연한 생각은 소비행위를 현재에 집중하게 하여 미래를 위한 저축보다는 소비를 하게 한다. 반면 미래를 비관적으로 생각하고 재정적으로 불안해 하면 소비가 위축되고 돈을 쓰지 못하고 모으는 저소비로 가게 만든다.

충동구매의 또 다른 주요 원인은 심리마케팅이 원인이라고 할 수 있다. 생산자 입장에서는 제조한 물건을 전량 판매하는 것이 목적이다. 현대 마케팅은 고객의 눈길을 끌기 위해 마케팅 혁신이 일어나고 있다. 고객의 심리를 분석하고 그 심리를 충동질하여 구매하게 만드는 고도의 심리전략이 마케팅에 이용되고 있다. 때로는 감성마케팅이라는 미사여구로 사용되기도 하지만 소비자들이 충동적으로 구매하도록 하는 데 목적이 있다.

그뿐만이 아니라 광고 또한 충동구매를 유발한다. 사람들의 눈이 가는 좋은 장소, 지면 또는 TV시간대에 여지없이 광고가 자리잡아 사람들의 구매의욕을 충동질한다. 또한 홈쇼핑방송의 쇼핑호스트의 현란한 멘트가 시청자들의 구매욕구를 자극한다.

인터넷의 발달과 SNS의 발달로 스마트폰 등을 통한 물품 구매 또한 충동구매를 쉽게 만드는 주요 원인이다. 재무심리 측면에서 충동구매는 돈을 내버리는 속성으로 자신과 가정경제에 재무위험을 증대시키는 영향을 미친다.

충동구매를 치료하기 위해서는 우선 자신과 가정의 종합적인 재무목표를 세우고 그 목표달성을 위해 철저한 예산관리시스템을 구축하여 수입과 지출을 계획적으로 실천하는 것이 필요하다. 가계부 작성은 반드시 필요하다. 가능하면 손으로 기록하는 가계부 작성을 권고한다. 그 이유는 하루하루의 수입지출을 기록하면서 돈의 흐름을 실시간으로 파악하는 인지능력을 키우고 체득시키는 것이 가장 중요하기 때문이다. 그러다 보면 계획적인 수입지출 습관이 귀찮은 것이 아니라 즐거움으로 바뀌는 것이다. 이러한 습관은 자녀에게도 좋은 영향을 주어 건강한 재무심리를 대물림할 수 있다.

재무장애 : 과소비

과소비란 소득에 비하여 소비가 지나치게 많은 경우를 말한다. 소득의 범위를 넘어서는 절대적 과소비뿐만 아니라 소비가 소득을 넘어서지는 않는다고 할지라도 소득에 비하여 소비가 지나치게 많은 경우도 과소비에 해당한다.

이러한 과소비는 가계나 자신의 경제생활을 불안정하게 할 뿐만 아니라 국민경제 전체적으로도 인플레이션을 유발할 우려가 있다. 특히, 외제상품에 대한 지나친 소비는 경상수지 적자의 주요한 원인이 되기도 한다.

재무장애에서의 과소비는 첫째, 자신의 재무상태가 수입보다 지출이 많은 적자상태를 말한다. 둘째, 적자경제는 아니지만 소득에 비해 소비가 지나치게 많은 경우를 말한다.

과소비의 주원인은 계획 없는 경제행위에 있다. 사전에 계획하고 예산을 세워 예산범위 내에서 구매하는 건강한 소비행동이 아니라 무계획적인 소비 때문에 발생한다.

재무심리 측면에서 과소비는 돈을 내버리는 속성으로 자신과 가정경제에 재무위험을 증대시키는 영향을 한다. 또한 과소비를 치료하기 위해서는 우선 자신과 가정의 종합적인 재무목표를 세우고 그 목표달성을 위해 철저한 예산관리시스템을 구축하여 자신의 수입과 지출을 계획적으로 실천하는 것이 필요하다.

재무장애 : 저장증

강박장애의 일종으로, 저장강박장애·저장강박증후군 또는 강박적 저장증후군이라고도 한다. 어떤 물건이던지 사용여부에 관계없이 계속 저장하고, 그렇게 하지 않으면 불쾌하고 불편한 감정을 느끼게 된다. 이는 습관이나 절약 또는 취미로 수집하는 것과는 다른 의미로 심한 경우 치료가 필요한 행동장애로 본다.

그 원인은 확실하지 않지만 현재로써는 가치판단 능력과 의사결정 능력이 손상되었기 때문으로 판단한다. 어떤 물건이 자신에게 필요한 것인지, 보관해 두어야 할 것인지 버려도 될 것인지에 다한 가치평가를 쉽게 내리지 못하고 일단 저장해 둔다는 것인데, 의사결정 능력이나 행동에 대한 계획 등과 관련된 뇌의 전두엽 부위가 제 기능을 못할 때 이런 증상을 보이는 것으로 알려져 있다.

미국의 심리학자 랜디 프로스트Randy O. Frost와 게일 스테키티Gail Steketee가 저장강박 증세의 사례를 연구하여 공저한 《잡동사니의 역습Stuff-Compulsive Hoarding and the Meaning of Things》에 따르면, 저장강박에 관해서는 정상과 비정상의 경계가 모호하다. 물질주의자들은 소유물을 성공과 부를 과시하는 외면적 징표로 이용하는 반면, 전형적인 저장강박 증상자는 공적 정체성이 아니라 내면의 개인적 정체성을 확보하기 위하여 물건을 저장하며, 그들에게 물건은 세상 사람들에게 보여주고 과시하는 장식적 허울이 아니라 정체성의 일부라는 것이다.

치료는 우울증 치료제로 개발된 세로토닌(강박증에 영향을 미치는 신경전달물질) 재흡수 차단제를 사용하여 신경을 안정시키는 방법이 있는데, 다른 강박장애보다 치료가 쉽지 않은 것으로 알려져 있다. 한편, 〈실험사회심리학저널 Journal of Experimental Social Psychology〉에 실린 미국 뉴햄프셔대학의 연구결과에 따르면, 주변 사람들에게 사랑과 인정을 충분히 받지 못한 사람이 물건에 과도한 애착을 쏟기 쉬우며, 인간관계에서 안정을 찾고 충분히 사랑받고 있다는 느낌을 갖게 되면 이러한 저장강박 증상은 자연스럽게 사라질 수 있다고 한다. (출처 : compulsive hoarding syndrome, 貯藏强迫症 두산백과)

실제 사례를 들어보면 SBS스페셜 '저장 강박증'에서 물건수집뿐만 아니라 버려진 개들이 불쌍해서 집 안에 들이다가 결국 근 50마리에 가까운 유기견을 데리고 사는 참으로 착한 저장 강박 환자도 소개되었는데, SBS 스페셜 '저장 강박증'에서 다룬 환자들의 특징은 이렇다. 저장 강박은 자기 의지와 관련 없다는 점에서 '강박적 정신병'이고, 물건을 버리지 못해서 집에 쌓아둔 사람은 결국 생계도 어려워져서 라면으로 끼니를 때우기 마련이어서 덩달아 건강도 악화된다. 이런 사람의 특징은 '의사 결정의 확고함'이 결여된 경우가 많다. 저장 강박증이 생기는 배경에는 과거 깊은 상실감이나 배신으로 인한 마음의 상처가 있다. 상실감을 치유하려는 왜곡된 방편으로 물건에 대한 집착증이 발동하는 것이다. 물건을 계속 집어오는 환자 가운데에는 과거에 아내가 자신을 떠나버렸거나 어떤 불행한 일로 생계가 막연해진 경우가 있다. 그래서 물건을 버리지 못하는 것이라 하고, 유기견을 보호하는 강박 환자의 경우는 과거에 사람에게서 받은 상처(빚 보증을 여러 번 섰다가 속았다고 한다)에 대한 분노로 '동물은 사람을 속이지 않더라'는 이유가 작용했다고 한다.

　재무심리 측면에서 저장증은 현상이고, 그 내면의 정신과 영혼의 맑고 깨끗하지 못함으로 인해 물건이 쌓이고 지저분해지는 현상이 발생한다고 정의한다. 이러한 저장증은 몇 가지 측면에서 고려될 수 있는데 첫째, 물건의 경제적 가치에 의미를 부여하여 아까워 버리지 못하는 것이다. 또한 충동구매, 과소비 등의 결과로 집안 구석구석 물건들이 쌓여 있게 된다. 둘째, 과거의 추억에 사로잡혀 오래된 물건에 대한 집착이나 애착 등으로 버리지 못하는 경우이다. 하지만 이 또한 표면적인 이유는 추억이지만 내면적으로 보면 과거에 생각이 매여 있다는 것에 주목해야 한다. 주로 과거는 우리에게 후회와 미움 등 마음의 상처를 주게 되어 미래를 향해 나아가는 데 발목을 잡는 경우가 많다. 아무리 아름다운 추억이라도 과거는 과거일 뿐, 보다 밝은 미래를 위해 마음속에 추억 대신 꿈과 희망, 열정 등을 채우는 것이 삶을 변화시키는 원동력이 된다.

　재무심리에서는 어떠한 이유든 저장증의 현상은 복잡한 정신상태를 그대로 반영하고 있다고 본다. 복잡하고 정리정돈 되지 않은 정신상태는 생활 속에서 많은 위험을 가져오게 되므로 반드시 자신의 정신적 영적 상태가 복잡하다는 것을 인식하고 주위를 정리정돈하여 깨끗한 삶을 살도록 해야 한다. 실제 상담사례에서도 보면 대구의 한 상담자는 저장증이 나타났다. 저장증의 이유와 위험 등을 상담한 후 오랫동안 정리하지 않았던 옷장부터 정리하고 버릴 것은 버리고 집안 전체가 깨끗하게 되었다. 그러자 스스로 주변이 너무 깨끗해졌다고 집안공기가 달라졌다고 자신의 변화를 알려온 사례도 있다.

재무장애:퍼주기

재무심리에서 퍼주기는 자신이나 가정의 형편을 살피지 않고 남의 돈 요구나 부탁에 거절하지 못하고 돈을 빌려주거나 기부하는 것을 말한다. 이런 사람들의 특성은 남에게 좋은 사람으로 선한 사람으로 기억될지는 몰라도 정작 가정에서는 실속 없는 사람으로 인식되고 가정형편을 어렵게 만들기도 한다.

퍼주기는 요약하면 주고 욕먹는 경우라고 할 수 있다. 퍼주기는 상대방에게 의존성을 키우게 하여 필요하면 지속적으로 부탁하게 만든다. 그러다 도와주지 않으면 그전까지 도와주었던 것은 다 사라지고 오히려 "그럴 수 있냐"는 식으로 욕하며 불평하고 관계가 악화되는 경우가 허다하다.

이러한 퍼주기는 비단 남들과의 관계에 국한되는 것이 아니라 가족관계에도 동일하게 적용된다. 부모가 자녀의 요구를 다 들어주다 보면 어느새 자녀는 독립성을 잃고 부모에게 경제적으로 완전히 의존하게 된다. 이런 생활이 오래되면 오래될수록 고치기 힘들고 오히려 뒤늦게 고치려 하면 자녀는 반발하고 오히려 큰 갈등을 초래하여 가정의 심각한 문제를 가져오기도 한다. 왜냐하면 자녀의 경제적 자립을 부모의 퍼주기가 방해하고 오히려 노력 없이 돈을 받아 누렸기 때문에 그 누림이 중단되면 자녀는 견딜 수가 없는 것이다.

퍼주기의 반대 개념은 나누기다. 나누기는 우선 자신과 가정을 위해 먼저 준비하고 자신의 필요를 충족하기 전까지는 조그만 기부나 선행을 위주로 하고 자신이 준비가 된 후에는 남들을 위해 계획된 범위 내에서 꼭 필요한 사람이나 필요한 곳에 자발적으로 기부하는 것이다. 나누기는 도와주고 정말 감사하다는 말을 듣게 되고 상대방의 자립에 도움을 주며 자신도 아름다운 부자로 만들어가는 필수 행위이다. 나눔은 마중물의 역할을 하고 고인 물을 썩지 않게 하는 생명수 역할을 한다. 재무심리 측면에서 퍼주기는 돈을 내보내는 역할을 한다.

재무심리 TIP

퍼주는 남편 때문에 고민인 아내가 상담을 해왔다. 진단을 해보니 남편은 성직자에 가까웠다. 돈에 욕심이 없을 뿐만 아니라 퍼주는 성격이었다. 그런데 정작 아내는 돈 걱정이 태산이다. 남편은 어린 시절 아버지의 사업실패로 온 가족이 야반도주한 경험이 있다. 불우한 환경에 살면서 돈이란 나쁜 것, 욕심 부리다가는 가정이 불행해지는 것으로 인식하게 되었다. 그래서 자신의 것을 형제들에게 퍼주고 있었으며 월급이 남아나지 않았다.

남편을 만나 조언했다. "당신이 이렇게 조금씩 도와주다 보면 당신이나 형제들이나 모두 침몰한다. 당신부터 안전하게 가라. 가족부터 온전히 보살핀 후 도와줘라. 형제들도 당신 때문에 의존성이 강해져 끝내 자립하지 못한다. 형제들에게 피해를 주고 있다는 사실을 깨달아야 한다. 아내가 힘들어하며, 미래를 불안해 하지 않는가. 자녀들은 어떻게 키우려고 하는가. 직장에서 해고 당하지 않을 자신 있는가?"

상담 후 남편에게 변화가 일어났다. 아내의 말에 구를 닫던 남편이 "이제야 보입니다"고 고백했다. 누군가를 도울 때 가장 먼저 고려해야 할 사람은 바로 내 가족이다.

재무장애 : 저소비

과소비와는 반대의 뜻으로 살면서 꼭 필요한 지출까지도 하지 않으려는 행동을 말한다. 저소비의 원인은, 자신의 미래가 풍요롭다거나 잘될 것이라는 낙관적 경향보다는 비관적 경향이 크게 작용하고 궁극적으로는 경제적 불안과 미래의 두려움으로 인해 발생한다. 심하면 돈을 안 쓰기 위해 굶기도 하고 아파도 병원에도 가지 않는다. 이러한 저소비는 자신의 삶을 황폐하게 만들고 남들과의 관계도 악화시키며 고립화 시킨다.

재무심리 측면에서의 접근은 왜 돈을 안 써? 너무 짠돌이 아니야? 찔러도 피 한 방울 안 나오겠다 등의 질책이 아니라, 그 사람의 내면의 불안과 두려움을 보고 그것을 이해하고 불안을 해소해주려는 노력이 필요하다. 재무심리전문가는 막연한 두려움을 하나씩 드러내어 재무목표로 만들어 주고, 그것을 제거하는 계획과 실천을 도와주는 것이 바람직하다.

또한 저소비 증상인 사람에게 이것이 장애란 것을 인식시키고 고치는 것이 바람직하다는 것을 인식시켜야 한다. 이러한 증상이 심하면 가족과 친척들 간에 관계 악화와 갈등의 원인이 되기도 한다. 형제가 많은 집에 저소비가 심한 며느리가 있다면 돈을 쓰지 않고 나누지 않는다고 동서들과 친척들 사이에 말이 많게 된다. 재무심리를 알고 저소비가 장애라는 것을 이해할 필요가 있고 장애를 고칠 수 있도록 이해와 배려가 필요하다.

＊저소비는 돈을 꽉 잡는 속성을 가지고 있다.＊

재무장애 : 가난의 맹세

돈을 많이 가지는 것을 불편해하고 돈이 있으면 남들에게 나누어주고, 봉사나 헌신에 가치를 둔다. 일에 있어서도 가치에 대한 대가가 아니라 사명감으로 한다. 돈을 버는 방법도 아주 정의로워야 한다고 생각한다.

이러한 사람들의 특징은 다음과 같다.
- 돈을 많이 가지고 있으면 동료나 가족들로부터 멀어지게 된다고 생각하고
- 자신이 하는 일의 대가로 돈을 받는 것에 대해 죄책감을 느낀다.
- 돈보다는 사명감으로 일을 하고 그 분야의 평균 이하로 해야 순수한 의미가 있다.
- 돈을 많이 가지는 것을 정당화하기 위해서는 많은 돈과 시간을 남에게 줘야 한다고 믿는다.
- 돈을 가지는 것에 대해 부끄러움이나 죄책감을 느낀다.
- 자신이나 가족들을 위해 가지고 있는 은퇴나 비상자금 등을 자선단체에 기부한다.
- 건강하게 돈을 벌어야 하고 그렇지 않으면 부자가 되는 것은 정당하지 못하다고 생각한다.
- 재무심리 측면에서 보면 가난의 맹세는 성직자나 봉사 등을 사명으로 하는 사람들에게 많이 나타난다.

가난의 맹세는 돈을 밀어내는 속성을 가지고 있다.

재무장애 : 의존증

자신의 경제적 문제를 스스로 해결하기보다는 다른 사람들의 도움에 의지하고 자신의 문제를 남의 뒤에 숨어 회피하려는 성향을 말한다. 의존증은 어릴 때부터 부모의 퍼주기로부터 생기기도 하고, 도전정신과 독립심의 결여로 생기고, 궁극적으로는 책임감의 결여에서 온다고 할 수 있다. 의존증은 상대방의 퍼주기와 아주 밀접한 관계가 있다.

이런 사람들의 특징으로는,

- 수입은 일을 해서 번 돈이 아니고 연금/보상금/가족들의 지원에서 나온다.
- 경제적인 어려움이 발생하면 먼저 부모나 형제 친구에게 도움을 구한다.
- 자신에게 도움을 주는 사람이 계속 도와줄 것이라고 생각한다.
- 가족이나 부모로부터 언제 갚겠다는 이야기 없이 돈을 받는다.
- 남으로부터 물질적 도움을 받아도 전혀 자존심이 상하지도 않고 누군가가 도와주었으면 하는 마음이 크다.

재무심리 측면에서 의존성은 가정경제의 주체로서 큰 재무위험을 불러오는 원인이 되기도 한다. 철저한 책임의식과 독립심을 가질 수 있도록 도와야 하고, 특히 돈 문제는 자신이 생각하는 것처럼 쉽게 도움을 받을 수 없고, 도움을 받더라도 상대방에게 큰 부담을 주는 것임을 알도록 해야 한다.

주로 가정에서의 의존증은 부모에 대한 경제적 의존과 배우자에 대한 의존증으로 나타난다. 부모의 재산이나 상속 등에 의존하여 최선을 다하지 않고, 배우자의 수입에 의존하여 최선을 다하지 않는 모습들이 많은 사례에서 나타난다.

＊재무심리에서 의존증은 돈을 내보내는 성격을 가지고 있다. ＊

 **재무심리 TIP**

직장인에게도 전문성은 핵심 요소다. 남들보다 앞서가려면 자신만의 고유한 전문 능력이 있어야 한다. 문서 능력이 있어야 하고, 기획력이 있어야 한다. 보고 시에는 남보다 실력 있는 자료 만들기도 가능해야 한다. 실무능력은 떨어지는데 인간성이 좋으면 성공할 수 있을까? 인간관계는 결정적인 요소가 되지 못한다. 그 이전에 전문성이 있어야 인간관계도 빛이 나고 시너지가 나는 것이다.

전문성이라고 하니 전문가만큼 잘해야 하는 것으로 부담 가질 필요는 없다. 자신이 속해 있는 곳에서 꼭 필요한 기술과 지식이 경쟁자보다 나으면 전문성을 갖췄다 할 수 있다. 그래서 직장인에게 끊임없는 자기계발은 필수다. 성공한 사람들이 갖춘 남다른 그 무엇이란 대단한 능력이 아니라 바로 한발 앞서가는 작은 차이를 말한다. 요컨대 돈을 버는 공식은 최고의 전문성과 돈을 벌고자 하는 마음(+)의 조합이다.

재무장애 : 일중독

일중독증(中毒症)은 생활의 양식이어야 할 직업에 사생활을 많이 희생해 일만 하는 상태를 가리키는 말이다. 영어로 워커홀릭_{Workaholic}이라고 불린다. 재무심리에서는 돈을 더 많이 벌려는 의지가 일중독증을 유발하는 근원적인 동기라고 본다. 성공지향과 부의 창출의 의지가 강할수록 일에 대한 완벽과 몰입이 극대화되어 일에 모든 신경이 가 있고 다른 일을 하더라도 계속적으로 일에 신경을 쓴다. 쉬는 날이나 쉬는 시간에도 편히 쉬지 못하는 경우가 많다.

일중독자의 특성은 다음과 같다

- 일하다 보니 편히 쉬는 것과 재미를 찾는 것이 어렵다.
- 일을 하면 완벽하게 끝낼 때까지 일을 마무리 못한다.
- 가족으로부터 일에만 집중하여 그들을 무시하거나 소홀히 한다는 불평을 듣는다.
- 일 때문에 가족의 중요한 행사에 참석하지 못한 적이 자주 있다.
- 일에 빠져서 대화 내용이나 약속 등을 잊어버리는 경우가 있다.
- 일을 하지 않고 있을 때 죄책감을 느낀다.
- 일하지 않고 보내는 시간에 대해 공포감이나 혼란 혹은 심란함을 느낀다.
- 쉬는 날에도 하루에 한 번 이상 회사 이메일이나 전화 메시지를 확인한다.

- 일을 생각하느라 쉽게 잠들지 못하며 일찍 일어나면 다시 잠들기가 어렵다.

- 초과근무를 할 수 있는지 묻는다면 언제나 "그렇다"고 할 것이다.

- 휴식 없이 장시간 일을 하더라도 마무리되기 전까지 일을 중단하는 것이 어렵다.

- 자신이나 가족에게 일을 적게 하겠다는 약속을 하지만 잘 지켜지지 않는다.

*일중독은 돈을 부르는 속성을 가지고 있다. *

재무심리 TIP

인생은 선택과 집중이다. 모든 일을 열심히 한다고 하여 성공한다는 보장이 없다. 항상 열심히 사는데 성공하지 못하는 사람의 이면에는 선택과 집중에 약점이 있는 것을 볼 수 있다. 느릿느릿 여유 있게 사는 것 같은데 성공하는 사람들도 많다. 그들의 성공을 단순히 운으로 치부하지 마라. 핵심을 파악하는 데 많은 시간과 노력을 기울이고, 깊은 고긴이 뒷받침되어 있을 것이다. 사람도 관찰해야 하고, 그들이 하는 말, 생각도 읽어야 한다. 책도 가까이 해야 한다. 도움이 되는 TV 프로그램, 강의도 많다. 성공 방법만 공부하지 말고, 위험이 없는지 꼼꼼히 따져 보라. 공들여 쌓은 탑이 무너지지 않도록 하는 것은 열심히 노력하는 것만큼 중요하다. 그 위험을 하나씩 제거하면 성공의 길이 더 명확히 보인다.

재무장애 : 도박

도박증상이 일상생활과 주위 사람들에게 피해를 주는 정도의 상태를 말하며, 도박은 재무심리 측면으로 볼 때 내면에 빨리 큰돈을 벌려는 속성이 주요 요인이며, 또한 일상생활의 스트레스 해소 및 탈출 수단으로 도박을 하는 경우가 많다.

도박중독의 특징은 다음과 같다

- 도박을 하지 않으려고 노력하지만 잘 안 된다.
- 도박자금을 마련하기 위해 돈을 훔치거나 불법적인 행동을 저지른 적이 있다.
- 도박을 기분전환이나 문제의 탈출 수단으로 사용한다.
- 지인들에게 도박하는 사실을 숨긴다.
- 현재의 도박증이 일과 사회생활에 지장을 준다.

＊재무심리로 볼 때 도박은 돈을 다 내버리는 작용을 한다.＊

항목	기준	영적 상태	돈과의 관계	돈의 위험
충동구매	높을수록	자고 있다	밀어낸다	높아진다
	낮으면	깨어 있다	끌어들인다	낮아진다
의존성	높을수록	자고 있다	밀어낸다	높아진다
	낮으면	깨어 있다	끌어들인다	낮아진다
퍼주기	높을수록	자고 있다	밀어낸다	높아진다
	낮으면	깨어 있다	끌어들인다	낮아진다
도박	높을수록	자고 있다	밀어낸다	높아진다
	낮으면	깨어 있다	끌어들인다	낮아진다
저장증	높을수록	자고 있다	밀어낸다	높아진다
	낮으면	깨어 있다	끌어들인다	낮아진다
저소비	높을수록	깨어 있다	끌어들인다	낮아진다
	낮을수록	자고 있다	밀어낸다	높아진다
과소비	높을수록	자고 있다	밀어낸다	높아진다
	낮을수록	깨어 있다	끌어들인다	낮아진다
가난의 맹세	높을수록	자고 있다	밀어낸다	높아진다
	낮을수록	깨어 있다	끌어들인다	낮아진다
일중독	높을수록	깨어 있다	끌어들인다	낮아진다
	낮을수록	자고 있다	밀어낸다	높아진다

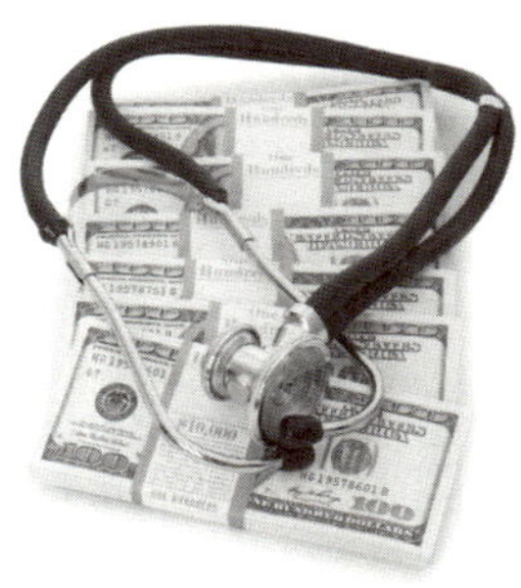

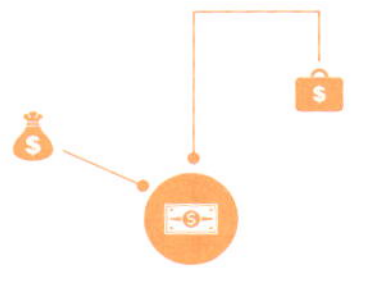

재무심리 종합건강도
(Comprehensive Power Index)

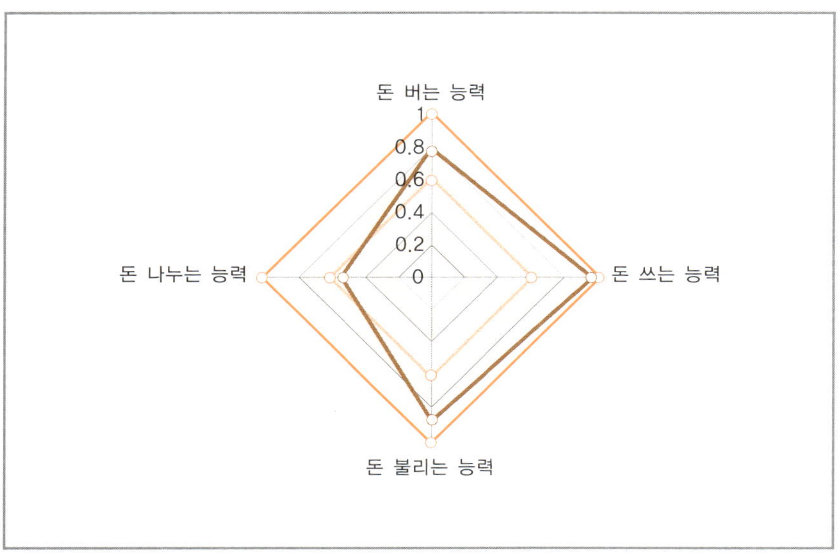

표 ▎ **4대 기능별 역학관계도**

CASE	돈 버는 능력 (돈을 만드는 능력)	돈 쓰는 능력 (돈을 가두는 능력)	돈 불리는 능력 (돈을 키우는 능력)	돈 나누는 능력 (선행/기부)	비고
1	A	A	A	A	아름다운 부자
2	A	A	A	C 이하	자린고비. 나누지 않기 때문에 인간관계 문제 발생.
3	A	C	A	A	돈이 새고 있다. 아무리 많이 벌어도 남지 않는다.
4	C	A	A	A	돈 버는 능력이 떨어지지만 돈 관리, 재테크에 철저하고 나누기도 잘함.
5	B	B	B	B	중산층 정도의 삶.
6	C	B	C	C	서민층
7	C	C	C	C	가난한 사람

재무심리 종합건강도는 최종적으로 돈 버는 능력(+), 돈을 잘 관리하고 쓰는 능력(-), 돈을 잘 불리는 능력(×), 돈을 나누는 능력(÷)으로 결정된다.

　돈 버는 능력만 뛰어나다고 해서 부자가 되는 것은 아니다. 돈을 지키고 불리는 능력이 있어야 부자가 된다. 부자가 되기 위해서는 4가지 핵심 기능이 제대로 작동해야 하는데 어느 하나라도 작동하지 않고 기능이 약하면 부자가 될 수 없다.

　각 기능을 성적으로 환산하면 B 이상이어야 정상적인 작동을 한다고 할 수 있고 그 이하면 기능이 저하되어 오히려 문제를 발생시키고 있는 것이다. 4가지 핵심 기능을 진단해보는 것이 급선무다.

A 이상이면 아주 양호한 성능을 가지고 있어 최대의 능력을 발휘하고 있는 상태이다. 성능의 크기보다는 우선 기능이 약한 부분을 개선하는 것이 급선무고 그것이 부자 되는 길이다.

앞의 4대 기능별 역학관계도를 보면 사람마다 다른 조합들이 만들어진다. 이 중 C 이하로 나타나는 기능은 반드시 개선해야 한다.

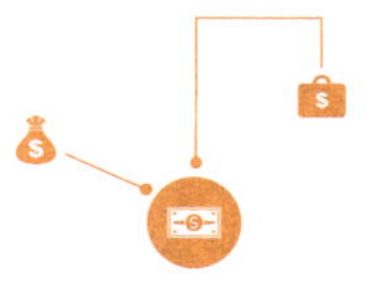

당신의 재무심리 뇌 구조는 어떤 것인가?

부자와 가난은 재무심리 뇌구조에 이미 결정되어 있다. 돈 버는 것은 되는데 쓰거나 불리는 게 안 되는 사람이 있는가 하면, 돈 버는 단계부터 어려움을 겪어 쓰고 불리는 단계가 애초부터 쿨가능한 사람도 있다. 혹은 잘 벌고, 잘 쓰고, 잘 불리는데 나눔이 약하여 '아름다운 부자' 가 되지 못하는 경우도 있다. 아름다운 부자란 벌고(+), 쓰고(-), 불리고(×), 나누는(÷) 행동이 모두 균형 있게 발달된 사람이다. 자신의 약한 부분을 키워야만 진정한 부자가 될 수 있다.

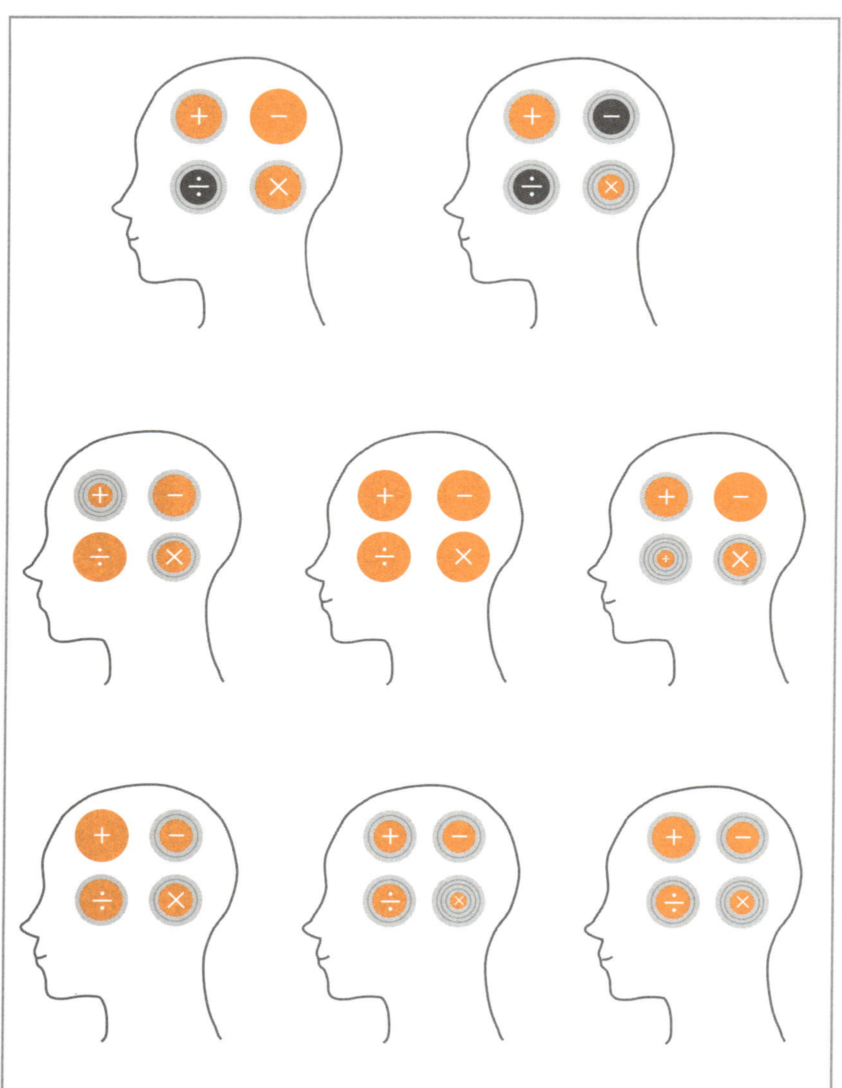

개인의 성공 법칙

성공하고 부자가 되기 위해 가장 중요한 요소 2가지가 있다.

첫째, 개인의 핵심가치이다. 개인의 핵심가치는 자기 분야의 전문성이나 기술력을 의미한다. 다시 말해 실력이다. 이 핵심가치는 수입의 양을 결정짓는다. 예를 들어 3급기술자보다 1급기술자가 수입이 많을 것이고 약사보다는 의사가 더 전문성을 인정받아 수입이 많다. 이처럼 일의 전문성과 수준에 따라 수입의 양이 달라진다. 따라서 같은 시간의 일을 해도 수입은 엄청난 차이를 보이는 경우가 많다. 직장에서도 일에 관한 지식과 기술 등을 지속적으로 계발하여 실력을 키우는 사람은 승진과 더불어 성공하게 되고 궁극적으로 최고의 전문자격증도 따는 사람이 있는 반면에, 자기계발 없이 단순히 열심히 일을 하는 것만으로는 성장할 수 없는 것이다. 지속적인 자기계발이 필요한 이유이다.

재무심리	확대 재생산 역할	비 고
돈 버는 마음 (+)	성공하려는 의지와 행동의 동기부여 돈을 더 많이 벌려는 의지와 행동의 동기부여(돈의 양의 크기 증대)	아무리 좋은 기술과 실력을 가지고 있어도 돈 버는 마음이 약하면 기술과 실력의 효력 발휘가 안 된다.
돈 쓰는 마음 (−)	돈의 효율적 관리를 통해 돈을 저장하는 역할	이 마음이 약하면 아무리 많이 벌어도 다 새나가고 없게 된다.
불리는 마음 (×)	돈을 키우고 불리는 역할. 재테크나 투자 등을 통해 돈을 키우는 역할	이 마음이 약하면 돈은 크지 않고 오히려 시간이 지나면서 돈의 가치가 하락하는 결과를 가져온다.
나누는 마음 (÷)	돈의 선순환을 통해 더 많은 돈이 들어오게 하는 역할.	기업이나 개인이나 나눔으로 인해 이미지가 올라가고 돈을 더 끌어오는 역할을 한다. 반대로 나누지 않으면 비난 받고 인간관계 악화를 가져온다.

두 번째는 개인의 재무심리이다. 들어온 수입을 유지하고 확대 재생산하는 역할을 하는 것이 재무심리의 역할이다. 돈 버는 능력, 돈 쓰는 능력, 돈 불리는 능력, 돈 나누는 능력 등으로 구성되어 있는 재무심리가 건강한지 아닌지에 따라 돈이 모이고 불려지거나 아니면 어디로 갔는지 알 수 없을 정도로 한 순간에 사라지기도 한다. 개인의 재무심리는 수입을 유지하거나 확대 재생산하는 역할을 한다.

 **재무심리 TIP**

비행기가 활주로를 달리다가 하늘로 뜨는 모습을 비상Take off, 로켓처럼 곧바로 하늘로 솟구치는 모습을 수직 상승Lift off이라 한다. 사업이나 자영업에서 가장 좋은 전략은 수직 상승이다. 돈을 벌기 위해서는 돈이 나오는 구멍을 파야 한다. 그것이 바로 수직 상승 마케팅이다. 요식업이라면 가격을 올리는 전략과 손님을 더 오게 하는 전략을 동시에 구사해야 한다. 가게를 깨끗이 청소하는 것보다 광고 전단지를 뿌리는 것이 더 나을 수도 있다. 가정경제라면 수입을 늘리는 동시에 소비를 줄여야 한다. 수입이 늘어난 만큼 소비가 늘거나 소비가 그대로라면 돈을 모으는 시간은 그만큼 길어질 수밖에 없다. 기업도 마찬가지다. 비용을 절감하려는 노력과 매출을 증가시키려는 노력이 동시에 진행되어야 한다. 비용만 절감하고 매출 증대에 대한 전략이 없다면 기업의 미래는 정체내지는 퇴보일 수밖에 없다.

재무심리 적용

조직의 성공과 재무심리

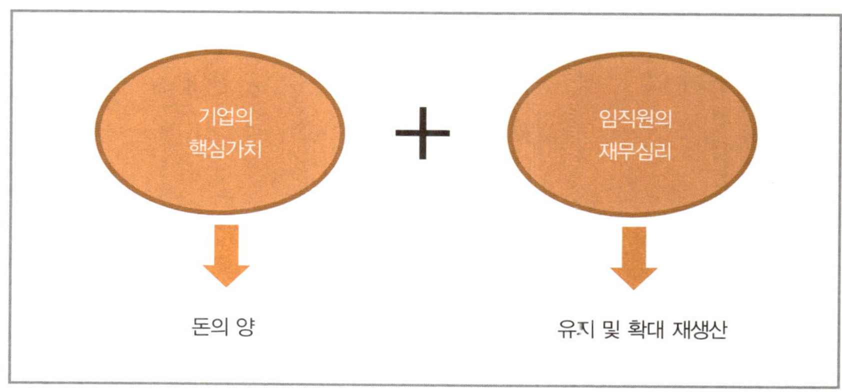

기업이 성공하기 위해서는 가장 중요한 요소 2가지가 있다.

첫째, 기업의 핵심가치이다.

　기업의 핵심가치는 핵심기술이나 핵심역량을 의미한다. 또한 기업의 핵심가치는 벌어들이는 돈의 양을 결정한다. 기업은 생존과 번영을 위해 자신의 상품을 최고로 만들고 경쟁력을 가져야만 한다. 기업은 상품의 기술에 따라 진입장벽이 높은 블루오션의 고가 제품을 만들기도 하고, 아니면 저가의 상품으로 치열한 경쟁 속에서 살기 위해 몸부림쳐야만 한다. 따라서 기업은 상품을 끊임없이 개발하고 차별화하는 것이 필요하다.

　Ex) 전자제품 vs 저가의 생필품
　　　고급 레스토랑 vs 호떡가게

　들어온 수입을 유지하고 확대 재생산하는 역할을 하는 것이 재무심리의 역할이다. 돈 버는 능력, 돈 쓰는 능력, 돈 불리는 능력, 돈 나누는 능력 등으로 구성되어 있다. 개인의 재무심리와 동일하다. 기업의 재무심리가 건강하면 돈이 모이고 불어나지만, 건강하지 못하면 매출이 떨어지거나, 매출이 높아도 알게 모르게 돈이 사라져버린다.

오너 및 CEO의 재무심리

아무리 좋은 상품을 가지고 돈을 번다고 해도 그 기업의 오너나 경영진의 재무심리가 건강하지 못하면 결국 엄청난 손해를 보거나 기업이 부도 나는 경우가 있다.

예를 들어 끊임없이 만족하지 못하고 내실보다는 외형을 키우려고 무리한 인수합병을 통해 키우다가 결국 부실기업이 하나 생기면 도미노처럼 넘어지는 경우이다. 오너나 경영진의 재무심리가 건강하다면 무리한 판단을 하지 않을 것이며 철저한 위험관리를 통해 안정적인 경영을 추구할 것이다. 기업오너의 재무심리에 따라 아주 공격적인 경영을 하기도 하고 아주 보수적인 경영을 하기도 한다.

직원의 재무심리

기업은 기능별 분야별로 직원들이 유기적인 활동을 통하여 기업을 존속시키고 성장시킨다. 따라서 '기업이 곧 사람이다'는 말처럼 개인 하나하나가 기업에 영향을 미친다. 직원들이 돈에 대한 건강한 심리를 가지지 못하면 실패나 재무위험을 초래할 수도 있다. 특히 중소기업의 경우 기능이 분산되지 않고 한 사람에게 권한이 집중되어 있을 경우 재무적 위험을 초래할 수 있다. 항상 돈에 대한 집행 및 의사결정은 상호 확인이 필요하고 맡겨두지 말고 정기적으로 수시로 점검하고 경영주가 직접 챙기는 것이 필요하다. 그래야 기업의 비영업적 위험인 재무적 위험으로 인해 실패하는 것을 미연에 방지할 수 있다.

또한 인사가 만사라는 말이 있다. 예를 들어 유아형 재무심리를 가진 직원에게 영업을 맡긴다면 치열한 영업현장에서 회사로 수익을 가져다주기 어려울 것이다. 또는 일확천금형의 재무심리를 가진 직원에게 회계를 맡긴다면 자칫 고양이에게 생선을 맡기는 격이 될 수 있다.

조직과 재무심리

인사관리

인재 채용 및 배치를 위한 필수 고려 요소로써의 재무심리

재무심리가 조직에서 어떤 영향을 미치고 성장발전에 어떤 역할을 하는지를 아는 것은 매우 중요하다. 지금까지 재무심리라는 용어조차 없고 이 분야가 연구되지 않아 모르고 있었지만 사실 재무심리가 조직의 성패에 제일 중요한 항목임을 강조하지 않을 수 없다.

모든 조직은 조직의 결성 목적이 따로 있다. 기업은 이윤창출이 목적이고, 정부는 국민의 행복과 안전을 위해 존재해야 하고, 종교집단은 성도들의 영혼의 안식과 믿음의 가치를 위해 존재한다. 이렇듯 고유의 목적에 맞는 돈에 대한 가치관과 생각 그리고 행동을 해야 한다. 조직에 맞지 않는 생각과 가치관 그리고 행동을 한다면 조직에 도움이 되지 않을 뿐 아니라 오히려 손해를 끼치고 피해를 주게 된다.

기업은 직무배치를 위해서 여러 가지 방법으로 자신의 기업에 합당한 인재를 찾으려고 노력한다. 그 방법으로 인성적성검사, 각종 테스트, 다단계 심층면접 등을 시행하고 있다. 일화로 우리나라 최고의 기업인 삼성그룹 이병철 회장은 면접 시 관상을 보는 전문가가 배석하였다고 한다.

물론 이와 같은 방법이 잘못된 것은 아니지만, 모두가 돈에 대한 태도와 믿음, 생각은 보지 못하고 겉으로 드러나는 모습이나 성향 그리고 가지고 있는 지식과 기술 등이 잣대가 되는 것이다. 과연 이렇게 선발한 인재가 실무에 배치됐을 때 최고의 성과를 낼 수 있을 것인가?

아니다! 입사하여 얼마 있지 않아 스스로 퇴사하는 경우도 많고 혹은 성과를 내지 못하고 뒤처져 조직에 기여하지 못하는 사람도 있다. 오히려 조직에 큰 손해를 끼치는 사람도 있다. 이러한 문제의 큰 원인은 개인이 가지고 있는 재무심리 즉 재무인성이 영향을 미치기 때문이다.

기업은 이윤추구 즉 돈을 잘 벌고 잘 관리하고 잘 불리고 잘 나누어 지속적으로 성장 발전해야 한다. 이런 측면에서 돈을 벌어야 하는 부서에 근무하는 사람은 돈을 잘 버는 사람이 필요하고, 돈을 관리하는 부서에 근무하는 사람은 번 돈을 잘 관리하는 사람이 필요하다. 또한 투자 관련 부서에 근무하는 사람은 돈을 불리기 위해 장단기적인 투자관리를 잘하는 사람이 필요하다. 그리고 기업의 사회적 책임을 다하고 이미지를 좋게 하는 나눔, 즉 사회환원 등의 사업에 근무하는 사람은 나눔을 잘 알고 실천하는 사람이 업무를 수행해야 업무의 성과가 높아질 것이다. 이처럼 사람을 아는 방법 중에 가장 새롭고 중요한 방법인 재무심리검사는 개인과 조직의 공동 성장을 위해 반드시 적용해야 할 부분이다.

정부나 공공기관에서도 재무인성적성 검사가 필요하다. 정부나 공공기관은 일반 기업에 비해 이윤보다는 공공과 공익성이 강조된다. 이런 조직에 적합한 재무인성은 일반 사기업과 다르다. 좀 더 안정적이고 사리사욕의 재무인성보다는 청렴한 재무인성이 필요하다. 만약 돈에 욕심이 많고 모험적인 성향의 재무인성을 가진 사람이 정부조직이나 공공기관에 종사한다면 돈과 관련된 사고발생 확률이 그만큼 높아진다. 그 이유는 본인이 가진 돈에 대한 본능이 자신의 직업과 맞지 않기 때문이다.

종교 단체 또한 마찬가지이다. 성도의 영혼과 정신건강 및 선을 강조하는 목적에 부합한 재무심리를 가져야 한다. 종교 지도자가 모험가형이고 일확천금형의 재무인성을 가진다면 돈을 좇게 되고 조직을 사기업화 시킬 수밖에 없는 것이다. 자신의 재무인성이 돈에 대한 재무행동에 영향을 미치기 때문이다. 우리는 얼마 전 종교 지도자의 재무심리가 사회에 얼마나 큰 악영향을 끼치는지 목격한 바 있다.

이처럼 어떤 조직이나 부서든 그 특성에 맞는 재무인성이 따로 있다. 재무심리는 사전에 진단할 수 있고 건강한 재무심리로 개발할 수 있다는 것이 아주 중요하다. 왜냐하면 자신의 재무심리가 있는지도 몰랐고 만약 자신의 재무심리가 병들어 있다는 것을 인식하게 되면 스스로 변화의지를 가지고 바꿀 수 있기 때문이다.

재무인성적성 테스트 샘플

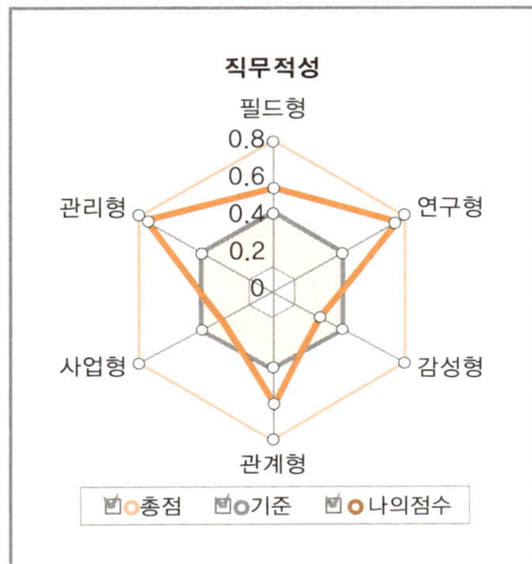

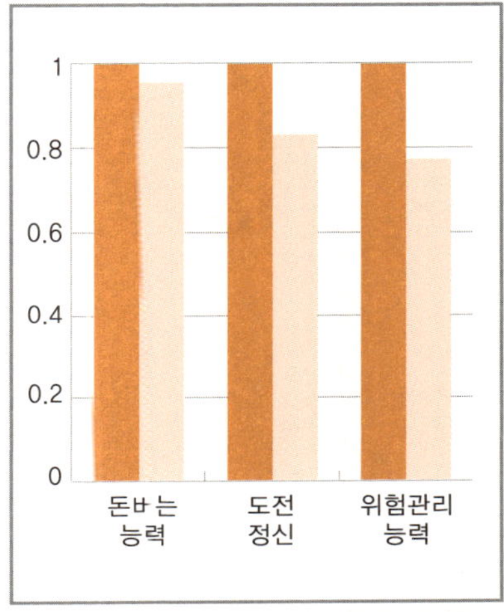

직무적성				
항목/분야	만점	기준	자신점수	차이	평가
필드형	1	0.6	0.7	0.1	해당
연구형	1	0.6	1	0.4	해당
감성형	1	0.6	0.35	−0.25	
관계형	1	0.6	0.8	0.2	해당
사업형	1	0.6	0.4	−0.2	
관리형	1	0.6	1	0.4	해당

역량진단				
항목/분야	관점	기준	자신점수	차이	평가
돈버는 능력	1	0.6	0.96	0.36	A
도전 정신	1	0.6	0.83	0.23	A
위험관리 능력	1	0.6	0.77	0.17	A

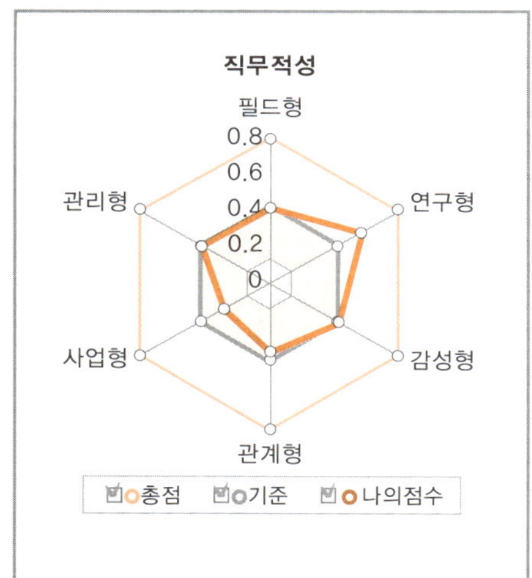

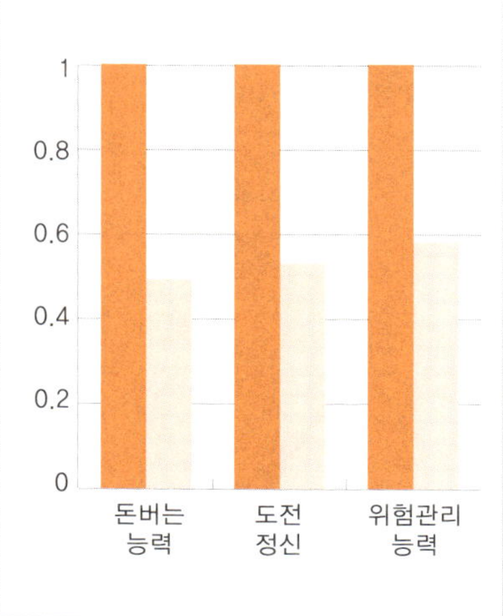

직무적성					역량진단					
항목/분야	만점	기준	자신점수	차이	평가	항목/분야	만점	기준	자신점수	차이	평가
필드형	1	0.6	0.6	0	해당	돈버는 능력	1	0.6	0.48	−0.12	F
연구형	1	0.6	0.8	0.2	해당						
감성형	1	0.6	0.6	0	해당	도전 정신	1	0.6	0.52	−0.08	D
관계형	1	0.6	0.53	−0.07							
사업형	1	0.6	0.4	−0.2		위험관리 능력	1	0.6	0.57	−0.03	C
관리형	1	0.6	0.6	0	해당						

역량

기업은 자신의 기업에 맞는 인재를 선발하여 채용하고 부여된 업무의 생산성 제고를 위하여 역량Competency을 개발하고 훈련시킨다. 직무분석에서부터 보상까지 종합적이고 체계적인 인재개발프로그램을 도입 적용하고 있다. 때로는 직원들의 개인별 성격 유형을 통해 선발과 배치에 기준으로 삼기도 하고 숨겨진 의지나 태도 비전 등에 주목하여 인재를 선발한다.

기업은 왜 이렇게 인재를 선발하는 데 노력하는 것일까? 그 이유는 개인의 능력을 향상시키는 것이 곧 기업의 성장과 발전의 핵심요소이기 때문이다. 그래서 기업들은 유수한 컨설팅회사로부터 엄청난 돈을 들여가며 역량컨설팅을 받기도 한다.

역량컨설팅의 주요 역량단위로는 업무관련 지식Knowledge, 기술 및 기능Skill, 태도Attitude 등이 근간이 된다. 어떤 전문가는 업무지식과 기술이 생산성과 직결되어 있고 이것의 개발이 제일 중요하다고 역설한다. 또 다른 전문가는 그러한 지식과 기술 이전에 보이지 않는 개인의 태도Attitude가 더 중요하고 이 부분을 통해 동기부여가 되고 그것이 성과로 나타난다고 주장한다. 두 가지 견해 모두 맞는 말이고 기업에 필요하다. 하지만 이러한 역량모델이 빛을 발휘하려면 숨겨진 역량Hidden Competency으로서의 개인의 재무심리 즉 재무인성이 조직의 목적에 맞아야 하고 그것이 건강하게 개발되어야 한다. 가장 근원적이면서 숨겨진 역량Hidden Competency이 있다. 그것이 바로 재무심리이다.

그 기업에 가장 합당한 재무심리 역량 프로필을 만들고 직원들의 재무심리를 건강하게 계발하는 것이 기업의 생산성에 직결되고 조직의 안정적인 성장에 반드시 필요하다.

성격이 좋고 적극적인데 왜 성과가 없는 것인가? 참 성실하고 좋은 친구였는데 저런 사고를 치다니? 저 친구는 물면 안 놓아. 고객을 만나면 반드시 성사시켜! 저 친구는…. 등의 평가는 그 사람의 재무심리의 결과인 것이다. '믿었던 사람이 회사에 큰 금전 사고를 친다'에서 '믿었던 사람'이라는 평가는 보이는 행동의 평가일 뿐이다. 보이지 않는 평가, 즉 그 사람의 건강하지 못한 재무심리를 보지 못했기 때문에 금전 사고가 발생한 것이다. 이처럼 기업은 직원들의 행복과 기업의 동반성장을 위해 반드시 직원들의 재무심리를 건강하게 훈련시키고 계발시켜야 한다.

성격과 재무인성의 차이

개인의 성격과 재무인성은 서로 다르고 그 역할도 다르다.

성향	돈과의 관계
도전적이다	돈을 끌어들이는 성향
창의적이다	돈을 끌어들이는 성향
활동적이다	돈을 끌어들이는 성향
쾌할하다	돈을 끌어들이는 성향
명랑하다	돈을 끌어들이는 성향
적극적이다	돈을 끌어들이는 성향
긍정적이다	돈을 끌어들이는 성향

돈을 끌어들이는 역할은 '성격'이 담당하고, 돈을 잡아채 자기 것으로 만드는 역할은 '재무심리'가 결정한다.

숨겨진 역량(Hidden Competency) － 재무심리

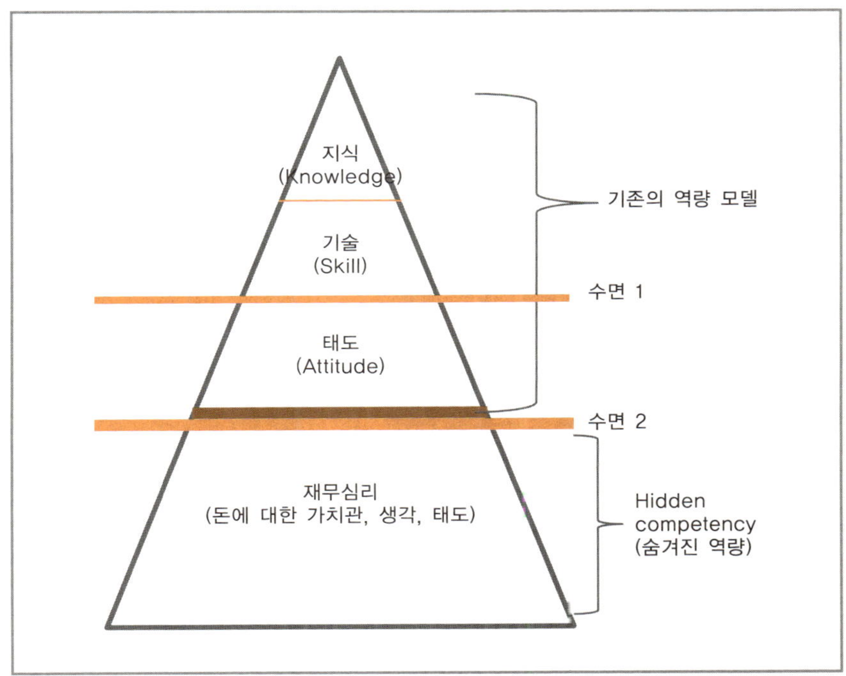

아무리 많은 업무지식을 가지고 있어도 그것을 활용하는 도구와 스킬이 없으면 효과가 떨어지고 아무리 지식과 스킬을 가지고 있어도 마음의 자세와 의지가 부족하면 생산성은 제고되기 어렵다. 아무리 지식과 스킬과 마음의 자세가 뛰어나도 돈에 대한 건강한 재무심리가 없으면 돈을 만들기 어렵고 돈 벌 기회를 놓치게 된다. 이렇듯 각 기업은 조직원들의 건강한 재무심리 계발을 위해 노력해야 한다.

박사가 영업을 잘하는가? 지식 이외에 생산성에 영향을 주는 요인이 있기 때문에 박사가 영업을 잘하지 못하는 것이다. 스킬도 있고 태도도 좋고

지식	스킬	태도	재무심리	생산성
O	O	O	O	best
O	X	X	X	X
O	O	X	X	X
X	X	O	O	O
X	X	X	O	O
X	X	X	X	X

지식도 있다면 계약을 성사시킬 수 있는가? 장담할 수 없다. 그 이면에는 재무심리가 다른 요인으로 작용하기 때문이다.

유능한 영업사원의 실패기

회사의 기대를 한몸에 받고 있는 유능한 영업사원 A가 있다. 회사의 모든 테스트를 가장 좋은 성적으로 통과했고, 잘해보겠다는 의지도 충만하다. 그런데 필드만 나가면 판판이 실패한다. 그 이유가 뭘까?

이 영업사원은 돈에 대한 경직된 사고를 가지고 있다. 돈을 오게 하는 능력은 있지만 결정적으로 자신의 것으로 만들지 못한다. 즉 자존심이 지나치게 강하고 도덕적이고 정의로운 방법으로만 돈을 벌어야 하는 사람인 것이다.

반면 경쟁사의 직원은 자존심을 내세우지 않고 법의 범위 내에서 어떻게든 자신의 것으로 만들기 위해 사람의 마음을 샀기 때문에 부족한 점이 많아도 실적이 좋다.

당신이라면 어떤 직원을 영업맨으로 채용할 것인가?

금융과 재무심리

금융finance산업의 근본은 돈을 다룬다는 데 있다. 또한 금융상품의 제조에서부터 유통판매 및 소비가 연결되어 있는 분야이다. 금융상품뿐만 아니라 금융서비스라는 무형의 상품도 유통되고 있다. 특히 개인고객을 대상으로 금융상품을 소개하거나 가입을 권유하는 전문가들에게는 고객의 재무심리를 아는 것이 필수이다.

재무심리는 보험, 투자, 재테크, 자산관리, 재무설계 등 개인금융 분야 전반에 적용된다. 금융의 모든 분야에 적용될 수 있지만 가장 직접적인 분야는 소매금융 즉 개인고객 대상 분야이다. 이 영역에는 개인종합자산관리, 재무설계 등의 이름으로 보험, 투자, 부동산, 세금, 상속 등 종합금융서비스를 통하여 개인 자산관리를 해주는 전문 영업을 하고 있다.

이러한 분야에 단순한 돈의 양적인 부분의 관리 뿐만 아니라 돈의 내적인 부분, 즉 고객의 재무심리 건강을 진단하고 도와주어 재무적으로 건강한 생활_{Financial Health}을 유지할 수 있게 도와주는 재무테라피_{Financial Therapy} 서비스가 실제적으로 적용되어야 한다.

투자상담 시 고객의 재무유형과 내면의 돈에 대한 가치관을 이해하지 못하면 고객과의 상담에서 한계를 느끼게 된다. 자신의 설명이 부족했는가? 아니면 뭐가 문제인지 고민하지만 답을 얻을 수 없는 경우가 많다. 그 경우는 자신의 지식 부족이나 설명의 스킬 부족 등이 이유가 되기도 하지만 궁극적으로 고객의 마음을 사로잡지 못했기 때문이다. 특히 돈에 대한 마음 즉 재무심리를 파악하지 못하고 엉뚱한 이야기와 상품을 설명한 것이다. 금융전문가들이 현장에서 겪는 문제점은 이와 같다.

재무유형별 특성 맛보기

금융전문가들이 많이 겪는 사례와 재무유형

❶ 아무리 설득해도 투자상품을 가입하지 않는 고객(자린고비형, 무념형)
❷ 안전한 포트폴리오를 제시해도 오로지 투자일변도만 주장하는 고객(사냥꾼형)
❸ 돈을 목숨처럼 아끼며 전전긍긍하는 고객(숭배형)
❹ 모든 것을 알아서 다 해달라고 맡기는 고객(베짱이형)
❺ 복잡한 것을 싫어하고 하던 것만 하는 고객(유아형)
❻ 빨리 큰돈 벌 수 없나 항상 고민하는 고객(일확천금형)
❼ 과감하게 신상품에 가입하는 고객(모험가형)
❽ 부채 및 신용 등 돈 문제로 고통 받는 고객(패자형)
❾ 돈을 저축하고 불리는 데 관심이 없는 고객(무념형)
❿ 돈 벌려고 모든 것을 다 하지만 실패하여 고통 받는 고객(무차별형)

　이와 같이 재무유형에 따라 재무행동의 특성이 달리 나타나므로 금융전문가들은 고객의 재무유형과 머니스크립트 등을 파악하는 것이 중요하다. 고객의 재무유형을 알게 되면 재무행동을 예측할 수 있으므로 경우에 따라 고객의 재무심리를 마케팅에 활용할 수 있다.

금융의 메가 트렌드 변화

금융산업의 개인 고객 분야의 트렌드는 재테크, 자산관리, 재무설계에서 인생설계의 키워드로 그 변화를 거듭하고 있다. 고객 니즈의 변화에 따라 그 트렌드와 키워드가 변화되고 있는 것이다.

　2000년 이후 도입된 재무설계의 개념이 그 특우의 가치와 전문성이 정착되지 못하고 고객으로부터 외면 당하고 있는 실정이다. 그 이유는 최일

그림 ▌ **메가 트렌드의 변화**

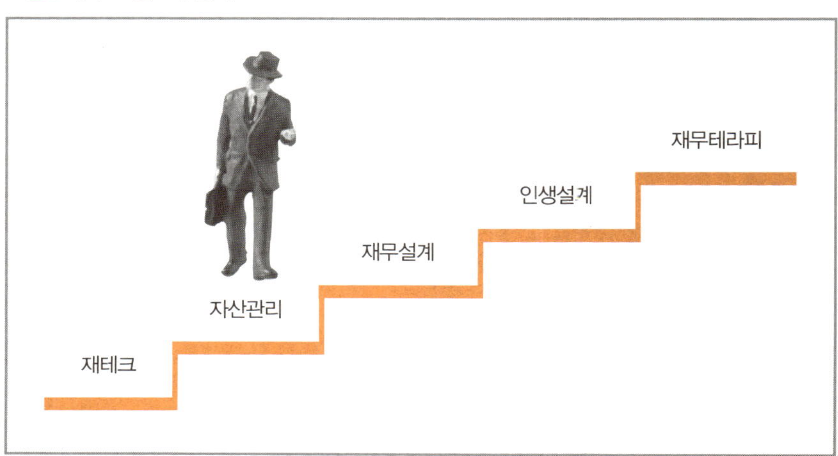

선에서 고객을 상대하는 금융전문가들의 접근이 FEE 베이스가 아니라 상품 판매의 수단으로 사용하여 고객으로부터 신뢰받지 못하고 그 고유의 가치가 퇴색되고 있기 때문이다. 하지만 많은 사람들이 재무설계의 가치를 높이고 정착시키기 위해 지금도 노력하고 있다는 사실 또한 간과해서는 안되며 고객들도 진정한 재무설계의 가치를 인정하고 유료상담의 자세로 전환할 필요가 있다. 이러한 노력과 변화 속에서 재무설계에도 인생의 개념이 도입되어 FLP^{Financial Life Planning}라는 개념이 최근 도입되고 있다.

하지만 이제는 힐링이라는 개념과 치료라는 개념이 재무분야에 도입되고 확산되고 있음에 주목해야 한다. 그 주축을 이루는 개념이 재무테라피인 것이다. 돈의 양적인 관리와 건강한 재무심리를 다루는 재무테라피를 통해 개인의 인생 전체가 돈으로부터 건강하고 풍요로운 삶을 가져오도록 하는 금융의 새로운 메가 트랜드에 주목할 필요가 있다.

재무테라피는 바로 개인의 financial health를 이룰 수 있도록 하는 최고의 개인금융서비스이다.

Case Study
재무테라피 사례

Case 1 : 미혼 여성

박미정 씨는 28세 직장여성으로 소개를 받아 재두심리 오픈 강좌에 수강 신청을 하여 참가하게 되었다. 재무테라피 상담을 신청하여 재무심리진단과 가정경제시스템 구축 상담을 진행하였다.

재무심리진단 결과 전형적인 유아형에 과소비와 퍼주기 장애가 있었다. 계획성 없이 돈을 쓰며 살고 있다는 사실이 드러났다. 마인드세트 진단 결과는 다음 그림과 같았다.

삶의 활력은 있지만 나머지 요소는 모두 매우 부족한 상태였다. 일단 미래에 대한 꿈과 목표가 구체적이지 않고 막연한 상태였다. 개인적인 꿈뿐만 아니라 가정의 꿈, 돈의 꿈, 직업의 꿈 등도 모두 부족하였다.

그림 ▍마인드세트 진단 결과

꿈목표
삶의활력
돈버는능력
치밀성
위험노출도
사행일치
1
0.8
0.6
0.4
0.2
0
총점 기준 나의점수

그림 ▍유형 진단 결과

모험가형
자린고비
사냥꾼
숭배형
패자형
일확천금
배짱이형
유아형
1
0.8
0.6
0.4
0.2
0
총점 기준 나의점수

그림 ▌ 장애 진단 결과

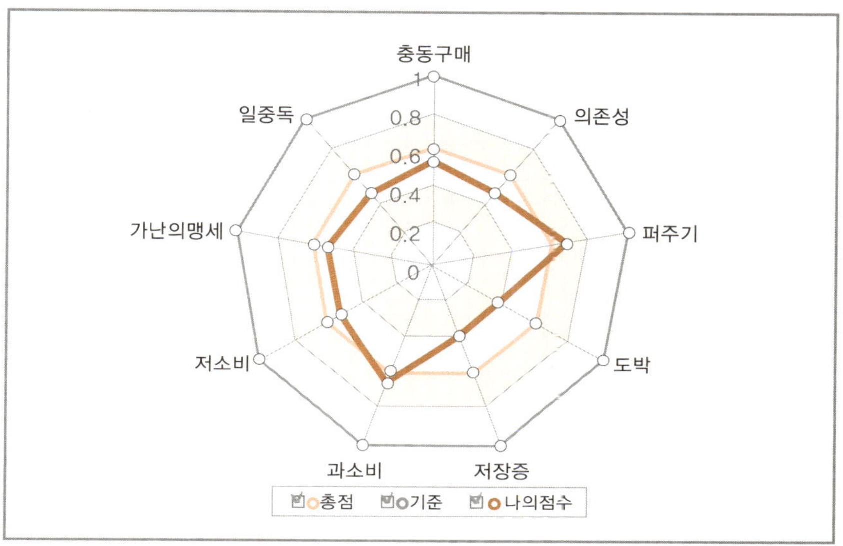

그림 ▌ 재무심리건강도 진단 결과

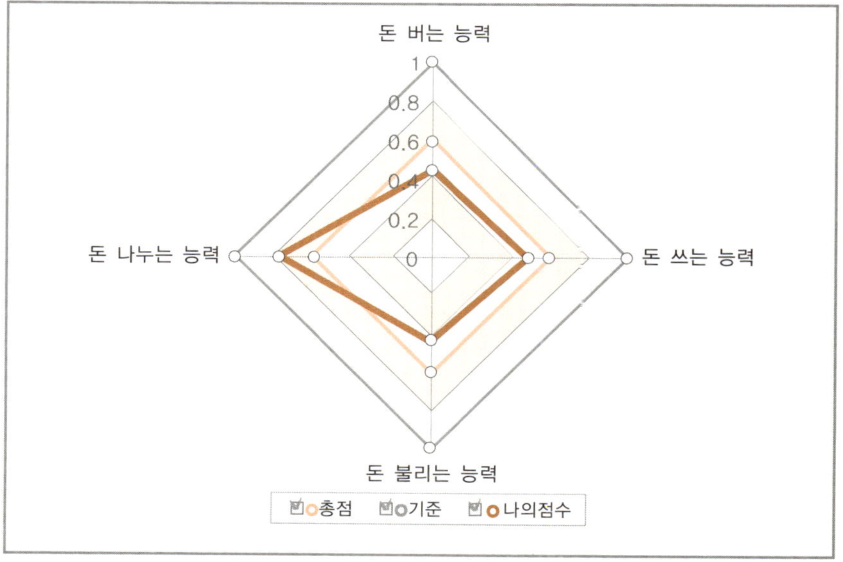

돈 버는 능력도 성실성이나 친화력, 악착함, 유연성 등이 많이 부족한 상태였다. 치밀성도 많이 떨어져서 기록하고, 계획하고, 정리정돈하는 습관 등이 거의 안 잡혀 있었다. 사행일치도 많이 낮게 나왔는데 그 이유는 실질적인 인생계획표나 저축상태가 매우 부족했기 때문이다.

반면 보수적인 성향이어서 위험노출도는 다소 양호한 상태였다.

재무심리유형을 보면 모험가, 베짱이, 유아형으로 나왔다. 자린고비, 사냥꾼, 숭배형도 아주 낮게 나와서 돈을 잘 관리하고 모으고 불리려고 하는 마음도 많이 부족한 상태이다. 이렇게 살면 가정경제에 돈의 양이 적어진다. 베짱이나 유아형도 나타났는데 이는 돈에 대해서 쉽고 낙관적으로 생각하고 있다는 것이다.

장애진단 결과를 보면 퍼주기와 과소비가 있는 것으로 나타난다. 남에게도 돈에 대해 관대하다 보니 돈 거래에서 거절을 못하고 쉽게 행동한다. 또한 신용카드 때문에 소비가 늘어나 과소비가 높게 나왔는데, 무이자할부도 많이 쌓여서 신용카드를 바로 없애지는 못한다고 한다. 그래서 신용카드를 집에 두고 체크카드만 가지고 다니기로 했다.

종합적인 재무심리건강도를 보자. 역시나 역순환의 대표적인 사례였다. 벌고, 쓰고, 불리는 능력은 모두 매우 부족한 반면 나누는 능력은 아주 양호했기 때문이다. 돈이 없어도 헌금이나 기부를 하는 마음이 갖춰져 있었다. 그래서 나누는 능력을 줄이지 않는 대신 나머지 능력을 높여서 균형을 맞춰가기로 하였다. 한편 재무행동코칭과 가정경제시스템 구축을 통해서 해결방안을 찾기로 했다.

재무상태를 보면 월 실수령액이 265만원인데 저축은 48만원으로 저축비율이 18%밖에 되지 않았다. 저축도 결혼자금 위주로만 하고 있어서 다

내용	목표금액	시기	금융상품	투자대상	납입금액	납입방식	세금
지출통장			체크카드	RP	월 50		소득공제
비상예비자금	300		CMA	RP	월 25		과세
여행자금	250	1년 후	국내채권형펀드	국내채권	월 20	1년	과세
부채상환	1,700	5년 후	소득공제장기펀드	국내주식	월 10	5~10년	소득공제
		5년 후	소득공제장기펀드	국내/해외주식	월 10	5~10년	소득공제
		5년 후	소득공제장기펀드	국내주식/차권	월 5	5~10년	소득공제
주택자금	20,000	8년 후	해외채권형펀드	글로벌채권	월 20	8년	과세
노후은퇴자금	월 150	26년 후	변액유니버셜보험	글로벌주식	월 10	26년	비과세
		26년 후	연금저축계좌	글로벌주식	월 10	26년	세액공제
자녀유학자금	4,000	26년 후	국내주식형펀드	국내주스	월 2	26년	과세
자녀대학자금	4,000	26년 후	국내주식형펀드	국내주스	월 2	26년	과세
자녀결혼자금	1,500	19년 후	해외주식형펀드	글로벌주식	월 1	19년	과세

사례 제공자 : 이일영 CFT(한국재무심리센터 인증 재무테라피스트)

른 돈의 이벤트들에 대한 준비는 안 되어 있는 상태였다. 신용카드 지출 때문에 부채가 1,700만원까지 쌓여 있었다.

투자경험은 없지만 돈 불리는 능력을 키우기 위해서 기대수익률을 연 6% 정도에 맞춰서 위험중립형으로 자산배분을 하기로 하였다.

먼저 지출통장에 체크카드를 만들어 신용카드를 대체하기로 했고, 비상 예비자금도 3개월 치 생활비를 준비해서 완충작용을 하도록 했다. 여행도 돈을 모아서 가는 것으로 바꾸고, 부채상환은 새로 생긴 소득공제장기펀 드의 가입요건이 되기 때문에 이를 활용하기로 했다. 그밖에 주택자금, 은 퇴자금, 자녀교육, 결혼, 유학자금도 금액을 작게라도 계좌를 만들어서 눈에 띄도록 해두기로 하였다. 급여가 오르거나 단기자금이 끝나면 준비 를 시작하기로 하였다. 결혼자금은 기존에 저축을 하고 있던 적금으로 해 결이 가능해 추가로 더 준비하지는 않기로 하였다.

Case 2 : 맞벌이 부부

박지만(34세, 남)씨와 신수희(32세, 여)씨는 맞벌이 부부다. 남편은 1년 전 미혼일 때 회사에서 재무심리교육을 받고 재무테라피 상담을 받았다. 그 때는 상담만 진행하고 결혼 후에 부부상담을 다시 진행해서 실행을 하기로 하였다. 그 후 결혼을 하고 나서 부부가 함께 재무심리진단부터 가정경제 상담까지 받고 실행을 하게 되었다.

이 부부는 돈을 쓰는 스타일이 많이 달라서 갈등이 많은 사이였다. 결혼 전에는 그렇게 다른지 서로 몰랐다가 실제로 같이 생활을 해보니까 알게 된 문제들이 많이 드러난 것이었다. 그래서 스스로 해결하는 것이 어렵다는 것을 느꼈고, 남편이 결혼 전에 해보았던 재무심리진단을 같이 해보면 도움이 될 것이라는 생각이 들어서 부부가 새로 진단을 받게 된 것이었다. 부부의 재무심리진단 결과를 보면 역시나 서로 다른 스타일이 드러난다.

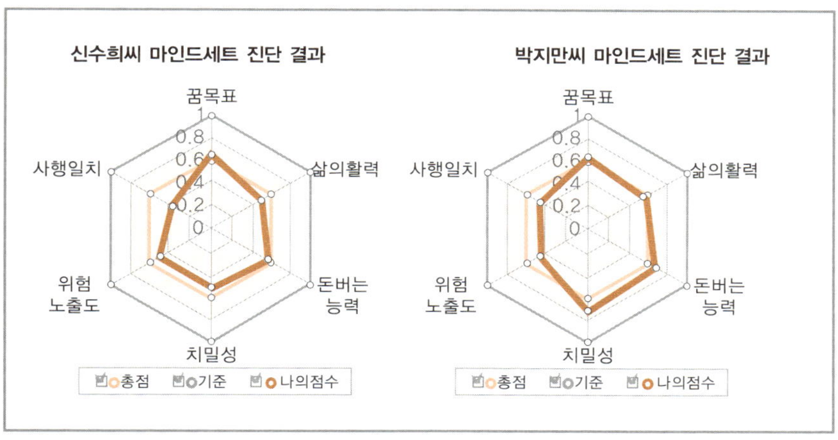

마인드세트를 보면 신수희씨는 꿈과 목표는 확실하지만 삶의 활력도가 떨어지고 돈 버는 능력, 치밀성, 사행일치가 많이 떨어졌다. 반면 남편은 돈 버는 능력과 치밀성이 더 높았다.

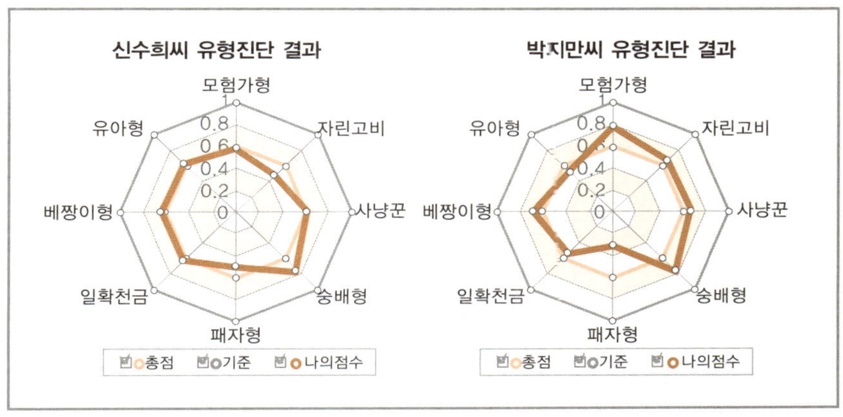

유형진단 결과를 보면 둘 다 공통적으로 사냥꾼, 숭배, 베짱이형이 있었지만 신수희씨는 유아형, 박지만씨는 모험가와 자린고비형도 해당되는 것으로 밝혀졌다.

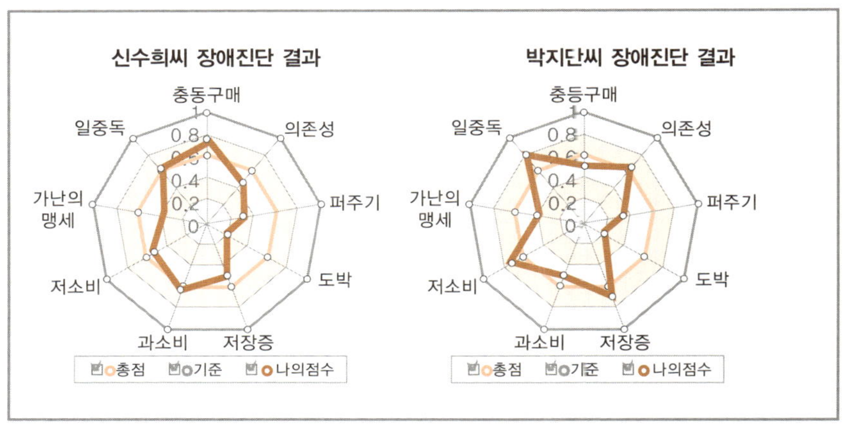

장애진단 결과를 보면 두 사람이 완전히 다르다는 사실이 밝혀지는데 신수희씨는 충동구매와 과소비가 두드러졌고, 박지만씨는 그 두 가지는 낮지만 의존성, 저장증, 저소비, 일중독 장애에 해당되는 것으로 나타났다. 부부는 이렇게 서로 다르게 나온 결과에 대해 100% 공감했다.

이런 장애가 나타나게 된 원인을 찾아보았다. 남편은 회사 일이 많아 야근으로 늦게 오는 날이 많았다. 그리고 혼자 있는 것을 편하게 생각했다. 반면 아내는 사교적이어서 함께 있는 것을 좋아했는데 남편의 귀가가 늦자 혼자 저녁을 먹는 일이 많아졌고, 이는 삶의 활력 저하로 나타났다. 그러다보니 쇼핑으로 스트레스를 풀게 되었다. 가정경제에 위험신호가 생기기 시작한 것이다.

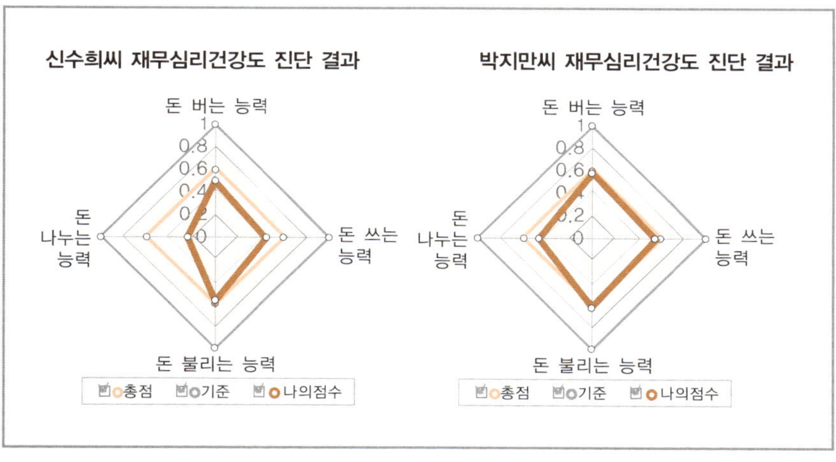

재무상태를 분석한 결과 결혼생활이 시작된 지 얼마 되지 않아서 아직은 금융자산이 많지 않고, 자산의 대부분이 전세금이었다. 전세자금대출도 있어서 순자산은 1억 2천만원 정도 되었다. 현금흐름을 보면 맞벌이

표 **가정경제 시스템 구축_실행 포트폴리오** 단위:만원

내용	명의	목표금액	시기	금융상품	투자대상	납입금액	납입방식	세금
지출통장	신수희/ 박지만			체크카드		월 130		소득공제
비상예비자금	박지만	600	2년 후	CMA	RF	월 30	자유납	과세
주택자금	박지만	22,000	10년 후	해외채권형펀드	해외채권	월 80	자유납	과세
자녀교육자금	박지만	4,000	22년 후	국내주식형펀드	국내주식	월 10	자유납	과세
노후은퇴자금	신수희	월 200	31년 후	변액유니버셜보험	글로벌주식/ 국내차권	월 10	12년 이상 자유납	비과세
	신수희		31년 후	해외주식형펀드	글로벌즈식	월 10	자유납	세액공제
	박지만		31년 후	변액유니버셜보험	국내채권	월 10	12년 이상 자유납	비과세
	박지만		31년 후	해외주식형펀드	글로벌주식	월 10	자유납	세액공제
보장자산	박지만		종신	선지급종신보험		월 11	60세	세액공제

수입이 합쳐서 400만원 정도였지만 아직 저축을 시작하지 않아서 결혼 전부터 하던 월 10만원짜리 저축성보험 외에는 저축이 없었다. 현재 상태에서 지출을 뺀 저축준비금은 110만원이었지만 추가로 불필요한 지출을 줄여 추가로 월 150만원의 저축을 하기로 했다. 위험성향은 위험중립형으로 기대수익률은 연 6% 정도로 저위험 30%, 중위험 40%, 고위험 30%의 비중으로 자산배분을 하기로 하였다.

실행포트폴리오는 다음과 같이 하기로 하였다.

우선 돈 관리는 치밀성이 더 높은 남편이 하기로 하였다. 그리고 지출통장을 각자 만들어 신용카드 대신 체크카드로 결제하기로 하였다. 비상예비자금도 3개월 생활비만큼을 만들기로 하였다. 자녀교육자금은 아직 자녀가 없지만 앞으로 생기면 대학등록금이라는 큰 목돈이 필요하기 때문에 지금부터 모으기로 하였다. 은퇴자금은 각자 준비하되 세제혜택의 장점을

충분히 살리기 위하여 비과세와 세액공제상품으로 분산해서 모으기로 하였다. 목표금액에 비하여 월 납입금액이 많이 부족하지만 일단 최소한으로라도 계좌를 만들어서 시작하다가 급여가 오르거나 기간이 짧은 자금이 끝나면 늘려가기로 하였다.

남편인 박지만씨의 경우 가장이기 때문에 결혼 전에 부모님이 가입해준 보험으로는 보장금액이 작아서 추가로 보장자산을 늘리도록 함으로써 예측할 수 없는 위험에 대비하기로 하였다.

신수희씨는 돈 나누는 능력이 극도로 부족하여 F등급을 받았는데, 이 부분을 개선하기 위해 사회복지재단을 정해서 일단 매월 1만원의 소액기부를 시작하기로 하였다.

재무심리 TIP

30세 전후의 젊은 부부. 맞벌이 부부로 월 500만원이 넘는 수입이 들어온다. 그런데 매달 50만원 이상이 적자다. 진단 결과 이유가 밝혀졌다. 부부는 삶의 활력이 매우 높고, 가장 중요한 삶의 가치는 '오늘 벌어 오늘 쓰는 것, 즐기며 사는 것'이었다. 그런데 가정에 꿈과 목표가 없고 둘 다 치밀성이 떨어졌다. 사행일치가 안 되어 미래를 위한 준비도 전무했으며, 충동구매와 과소비 성향도 높게 나왔다. 주변에서는 천생배필을 만났다며 칭찬한다는데 둘의 생각이 똑같으니 싸울 일은 없었지만, 다만 미래가 걱정이었다. 진단 결과를 눈으로 확인시켜주자 부부는 깜짝 놀랐다. 자신들의 문제를 처음으로 확인하는 순간이었다. 이처럼 진단을 해보면 누구나 당연히 알 것 같은 문제도 정작 본인은 모르는 경우가 태반이다.

Case 3 : 예비 부부

김찬석(남, 30세)씨와 송명자(여, 28세)씨는 결혼을 약속한 사이다. 먼저 송명자씨는 재무테라피 상담을 받고 변화된 것에 대해서 만족도가 높았다. 그래서 이런 상담이 남자친구인 김찬석씨에게도 필요하겠다는 판단으로 자발적으로 소개를 해주었다.

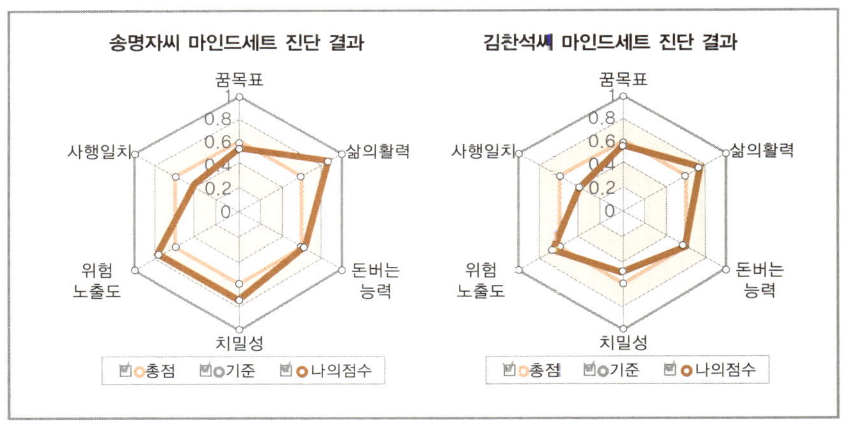

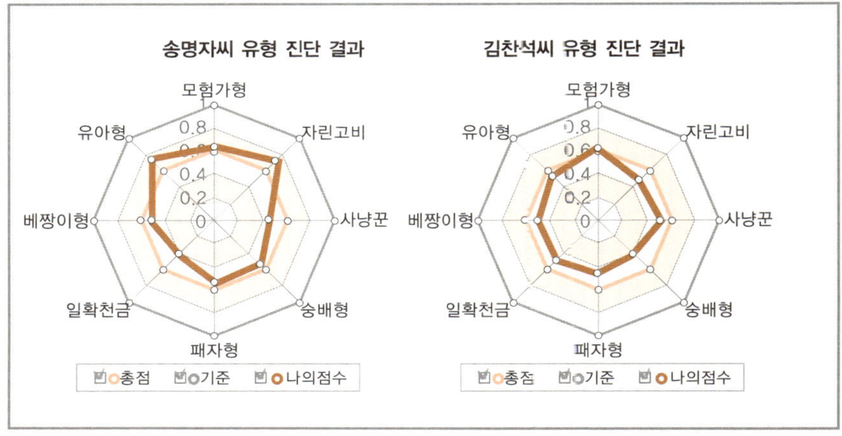

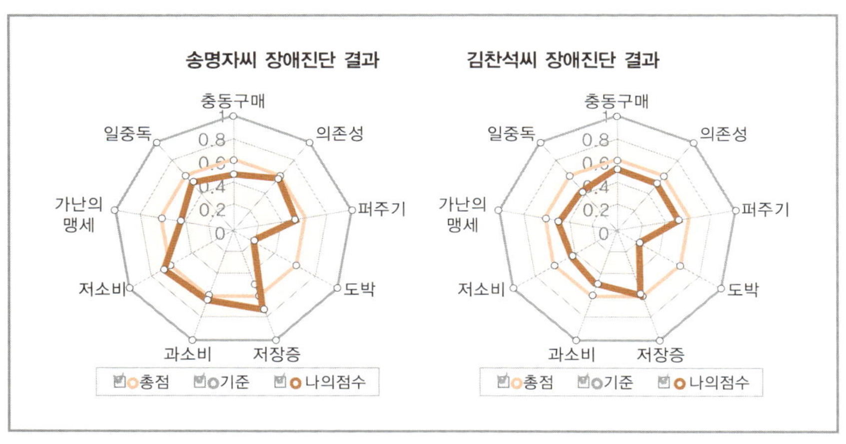

둘 다 대기업의 경력 3년차 직장인이어서 연봉은 5천만원 정도였다. 수입도 적지 않았고, 결혼을 할 생각은 있었지만 결혼자금조차도 제대로 모으지 못하고 있었다.

둘 다 삶의 활력은 높지만 꿈과 목표가 명확하지 않고 또한 꿈과 목표를 위한 실천이 전혀 되지 않고 있다. 이 가정은 재무적으로 위험에 노출되어 있다. 그래서 가정경제 전반에 대한 점검과 준비가 시급한 상황이다. 유형검사 결과는 다음과 같았다.

송명자씨는 유아형, 모험가형, 자린고비형으로 나왔고, 김찬석씨는 모험가형만 나왔다. 송명자씨에게 유아형이 높게 나온 배경을 물었다. 돌아온 대답은, 어려서부터 부모님이 돈이 넉넉하지 못했음에도 불구하고 자녀들에 대해서는 아낌없이 해주었다고 한다. 그런 환경에서 자라다 보니까 돈 문제가 어려운 줄 모르고 미래에 대해 준비하는 마음도 부족하게 되었다고 한다.

장애진단 결과는 다음과 같이 나왔다.

송명자씨는 의존성, 저장증, 과소비, 저소비 등의 여러 가지 장애가 있는 것으로 나왔고, 김찬석씨는 충동구매, 의존성, 저장증이 약간 있는 것으로 나왔다. 원인을 확인해본 결과, 송명자씨는 역시 어려서부터 부모님이 저축을 거의 하지 않고 자녀들을 위해 아낌없이 베풀어주다 보니까 부모에 대한 의존성이 생겼고, 과소비도 하게 된 것으로 나타났다. 저소비는 과소비가 심해지다 보니 당장 재정상태가 악화되어서 일시적으로 나타난 장애로 밝혀졌다. 돈 문제가 숨통이 트이면 저소비는 자연적으로 없어질 것으로 보였다. 문제는 근본적으로 의존성이나 과소비의 문제가 해결이 안 되면 부모님처럼 저축을 잘 못하고 미래에 대한 준비를 못하고 살 가능성이 높았다.

재무심리건강도를 보면 둘 다 돈 나누는 능력은 아주 양호한 데 비하여 돈 불리는 능력은 많이 부족하였다. 종교적인 영향으로 돈을 관리하는 것에 대하여 관심을 갖지 않고 베푸는 것에만 관대한 생각을 갖게 된 것으로

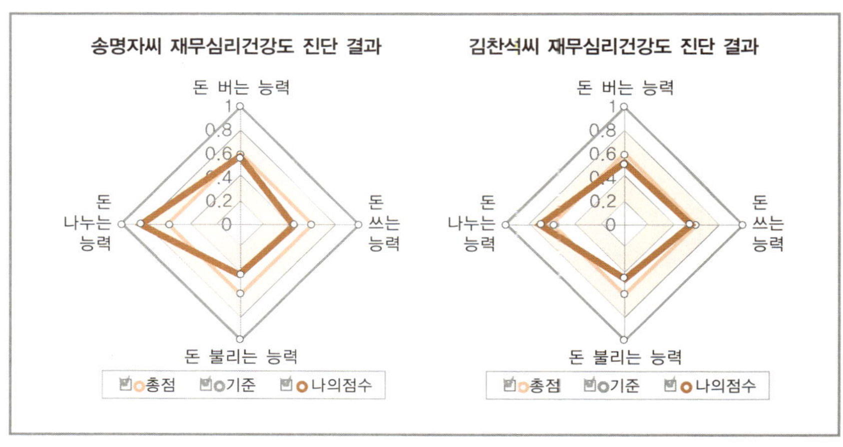

보였다. 이 경우 나누기는 잘하지만 가정경제는 빈약해지는 역순환이 될 수 있음을 지적하였고, 이에 대해 공감하였다.

이에 따라 인생에서 필요한 각종 이벤트들을 통장을 마련해 준비함으로써 돈의 위험에 대비하기로 했고, 가정경제시스템 구축도 동의하였다.

송명자씨의 재무상태를 보면 월 실수령액이 350만원인데 저축은 10만원밖에 되지 않았다. 저축비율이 극히 낮았다. 직장생활 3년차인데도 순자산이 300만원밖에 안 되었다. 재무심리상태가 재무상태로 그대로 드러난 결과였다. 불필요한 소비를 줄였을 때 저축가능한 금액을 뽑아 보니 월 150만원의 추가 저축이 가능했고 실행에 옮기기로 하였다.

위험성향은 안정추구형으로 기대수익률은 연 4~5% 정도였다. 위험성향과 기간을 고려하여 저위험에 60%, 중위험에 25%, 고위험에 15%로 배분하였다.

최종적인 실행 포트폴리오는 아래와 같이 구성하였다. 우선 비상예비자금으로 3개월 생활비를 준비하도록 했고, 부채상환과 결혼자금 같은 단기자금은 채권형펀드로, 중장기자금은 혼합형펀드와 주식형펀드로 선정하였다. 보장성보험은 기존에도 충분히 준비하고 있어서 그대로 유지하기로 하였다.

김찬석씨도 월급여는 실 수령액이 330만원으로 양호했지만 부모님의 사업 실패로 생긴 부채를 대신 갚아주느라 저축을 거의 못하고 있었다. 수입의 절반을 부모님께 드리고 있었고, 나머지 절반으로 생활을 하고 있었다. 학자금대출도 남아 있어서 순자산은 마이너스 상태였다. 김찬석씨는 본인과 부모님의 부채상환이 최대의 관심사였다. 그러나 앞으로 다가올 돈의 위험들에 대비하기 위하여 최소한의 강제성 있는 저축을 하기로 하

표 ❘ 송명자 씨의 가정경제 시스템 실행 포트폴리오

목적	목표금액	필요시기	투자금액	금융상품	투자대상	납입방식	세금
비상예비자금	560		20	CMA	금리형	자유납	과세
부채상환	1,000	2년 후	40	해외채권형펀드	해외채권	자유납	과세
결혼자금	2,500	2년 후	60	국내채권형펀드	국내국채,회사채	자유납	과세
주택자금	50,000	15년 후	10	국내채권혼합형펀드	국내주식(40%), 극내채권(60%)	자유납	과세
자녀교육자금	8,000	25년 후	5	국내주식형펀드	국내주식	자유납	과세
자녀결혼자금	10,000	32년 후	5	해외주식형펀드	글로벌주식	자유납	과세
노후은퇴자금	월 150	65세	10	변액유니버셜보험	글로벌주식(50%), 글로벌채권(50%)	12년 이상 자유납	비과세
		55세	10	연금저축계좌	국내주식(60%), 국내채권(40%)	5년 이상 자유납	세액공제

표 ❘ 김찬석 씨의 가정경제 시스템 실행 포트폴리오

목적	목표금액	필요시기	투자금액	금융상품	투자대상	납입방식	세금
비상예비자금	600		10	CMA	금리형	자유납	과세
결혼자금	5,700	2년 후	20	국내채권형펀드	국내국채, 우량회사채	자유납	과세
결혼자금		2년 후	40	해외채권형펀드	해외채권	자유납	과세
주택자금	10,000	10년 후	10	해외주식형펀드	글로벌주식	자유납	과세
노후은퇴자금	월 100	65세	10	변액유니버셜보험	글로벌주식, 인덱스주식	12년이상 자유납	비과세
		55세	10	연금저축계좌	국내주식	자유납	세액공제
보장자산			10	선지급종신보험		55세	세액공제
보장자산			4	의료실비보험		20년/ 100세	세액공제

여 월 100만원을 책정하였다. 대신 상여금이 나올 때 추가적인 부채상환을 하기로 하였다.

위험성향은 중립형으로 기대수익률은 연 6% 내외였다. 위험성향과 기간을 고려하여 저위험에 30%, 중위험에 40%, 고위험에 30%로 배분하였다.

최종적인 실행 포트폴리오는 송명자씨와 마찬가지로 비상예비자금을 우선 준비하도록 하였고, 나머지 이벤트들에 대한 준비도 하도록 하였다. 특히 김찬석씨는 남자로서 의료비나 사망에 대한 위험보장이 많이 부족하여 이에 대한 보완도 하기로 하였다.

 **재무심리 TIP**

유명 브랜드 매장 4개를 운영하는 40대의 K씨. 상담 중 한 가지 사실을 고백했다. "사업을 하다가 1억이 펑크가 나서 아내에게 말했는데 알아서 해결해주더라고요." 그래서 아내를 진단해 보니 삶의 활력이 낮았다. 가정이 화목하지 않다고 느끼고, 정신적인 스트레스가 쌓여 일상에서 탈출하고자 하는 심리가 강했다. 남편은 아내에게서 발견된 의외의 결과에 깜짝 놀랐다.
아내는 4개의 사업장에서 발생하는 모든 돈 문제를 다 해결하고 있었다. 남편은 앞으로 전진할 뿐 재무적인 부분은 아내에게 맡기고 있었다. 아내는 돈 문제로 잠 못 드는 밤이 많았다. 얼마 전 마련한 1억도 어렵게 구한 돈이었다. 겉으로 보기에는 남부럽지 않게 사는 것 같은 사람들도 재무심리를 진단해 보면 수많은 문제가 튀어나온다. 수면 아래 감춰졌던 문제들을 꺼내어 대화로 풀어가야 한다.

개인과 재무심리

개인적 차원에서의 적용

개인의 재무심리를 파악하면 잘못된 재무심리를 고칠 수 있고, 건강한 재무활동을 유도할 수 있다. 자신과 가정의 재정적 건강상태를 유지시키고 나아가 돈을 많이 벌고 많이 나눌 줄도 아는 아름다운 부자를 만드는 데 아주 유용하게 사용된다.

부부문제 해결

부부갈등과 가정문제의 80% 이상이 경제문제로 인해 발생한다. 그리고 자살의 이유 중 가장 큰 원인이 바로 경제적인 문제이다. 이처럼 모든 문제와 갈등 속에는 근원적으로 돈 문제가 도사리고 있다.

지금껏 부부문제 상담은 드러난 성격차이, 소통부재, 외도, 도박, 자녀문제 등 여러 가지 원인으로 불거진 케이스들을 심리적인 차원에서 상담하고 치료해 왔다. 하지만 이러한 상담 및 치료방법으로 해결하지 못하는 케이스가 많다. 아니 일시적으로 해결되었다 하더라도 다시 재발하는 경우가 많다.

부부문제가 재발하는 이유는 돈 문제를 간과했기 때문이다. 돈에 대한 문제는 근본적으로 당사자 간의 재무심리의 불일치로 인해 발생한다. 자신이 자라온 환경과 돈에 대한 트라우마로 자신만의 머니스크립트가 형성되어 있기 때문에 이를 이해하지 못하고서는 왜 그렇게 반응하는지를 알 수가 없다. 하지만 재무심리검사를 통해서 그 원인을 파악할 수 있고 그것을 통해 서로의 머니스크립트를 이해할 수 있고 서로 가정의 행복을 위해 건강한 재무심리를 가질 수 있도록 코칭하고 노력함으로써 해결이 가능해진다.

예비부부 재무궁합

인생을 살면서 누구를 만나느냐에 따라 인생의 성공과 실패가 갈라진다. 그 중 배우자의 중요성은 두말할 나위가 없다. 그래서 오래 전부터 궁합을 보고 사주팔자를 보는 관습이 내려오고 있다. 이러한 것은 미신으로 치부되기도 하지만 만남의 중요성을 인식하고 사전에 예방차원에서 알아보는 과정으로만 의미를 둔다면 가치가 있다고 할 수 있다. 가문을 보고 집안을 보는 이유도 실패의 확률을 줄이기 위함일 것이다.

그러나 그런 노력에도 불구하고 왜 결혼생활을 하면서 문제가 발생하는 것인가? 대다수가 가치관과 환경차이에서 온다. 더 근본적으로 말하면 재무심리의 차이라고 할 수 있다.

성격이 아무리 좋아도 돈에 대한 생각이 건강하지 못하면 문제가 발생하게 되고 아무리 근면성실해도 재무심리가 약하면 돈이 모이질 않는다. 이처럼 결혼 전에 보이는 성격과 행동, 환경만으로 판단하는 것은 좋은 만남을 위해서는 부족한 면이 있다. 반드시 돈에 다한 생각을 알아보고 그것이 내 생각과 얼마나 맞는지 미리 알아보는 것이 필요하다.

예를 들어 호탕하고 인간관계 좋고 기분파인 남자와 상냥하고 여자다운 여성이 서로의 보이는 점에 끌려 결혼한다면 어떻게 될 것인가? 다행히 서로의 재무심리가 건강하고 재무궁합이 맞으면 천생연분이다. 하지만 만약 남자가 재무심리 측면에서 가정보다는 남들에게 퍼주기와 안정적인 방법보다는 일확천금 성향이 크고 모험가 성향이 크게 나타난다면? 여성은 내면에 허영과 충동구매, 과소비 등의 절제가 되지 않는 재무심리를 가졌다면 어떻게 될 것인가? 당연히 살면서 하나씩 알게 될 것이고 그것들이 서로의 불만과 갈등의 원인이 되는 것이다.

이처럼 우리는 결혼생활에서 가장 중요한 부분을 차지하는 재무심리와 재무궁합을 간과해서는 안 된다. 그러므로 결혼 전 서로의 재무심리를 알고 이해하여 서로의 고칠 점은 고쳐 건강하고 행복한 가정경제를 이룰 수 있도록 해야 한다. 그래서 예비부부가 결혼 전 재무궁합을 알아보는 것은 선택이 아니라 필수이다. 재무궁합은 재무심리검사를 통해서 알아볼 수 있다.

예비부부의 재무궁합 보기

상담사례-1

● 여자: 32세 직업: 관리직, 남자: 31세 직업: 관리직

① 재무유형

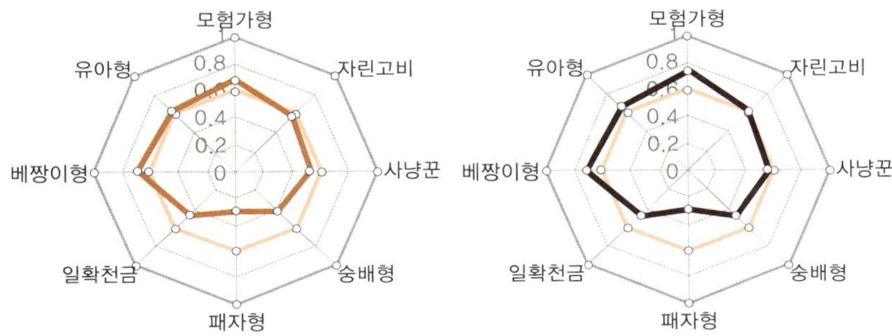

진단내용 ▌ 재무유형으로 볼 때 두 사람이 거의 같은 성향을 가지고 있어 천생연분이라고 할 수 있다. 하지만 두 사람의 경우는 큰 부자가 되기 어렵고 유아형의 속성으로 돈의 어려움 없이 자라 돈의 무서움을 잘 모르고 쉽고 편하게 살려는 성향이 강해서 돈을 창출하는 부분이 약점으로 나타난다. 철저한 관리 능력을 갖추지 못하면 가정이 돈의 문제에 노출될 위험이 있다.

② 재무행동 장애(Disorder)

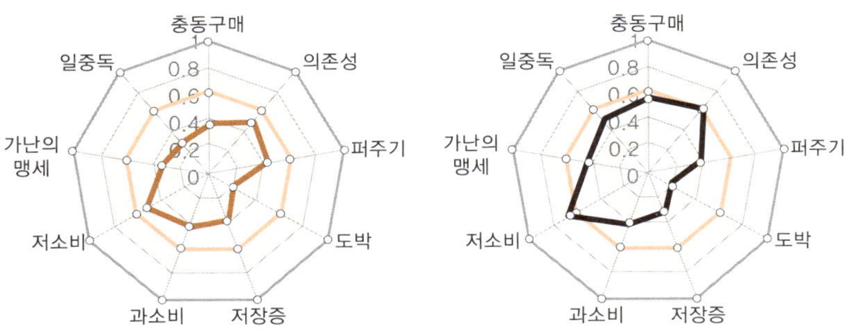

진단내용 ▮ 재무장애를 볼 때 여자에게는 별 장애가 없지만 남자에게는 저소비와 의존성이 나타난다. 저소비는 미래에 대한 불안심리로 인해 돈을 쓰지 않으려는 경향을 나타내고 의존성은 부모나 배우자에게 경제적 문제를 의존하려는 경향이다. 아내도 저소비의 경계수준에 있기 때문에 문제가 되지 않지만 아내가 돈을 마구 쓰고 싶어 하는 성향이 강하면 이것이 나중에 부부문제로 나타나게 된다. 남편은 특히 향후 가장으로서, 경제적 문제의 주체로서 남에게 의존하기보다 스스로 해결하려는 독립심을 키워야 한다.

③ 재무심리 뇌구조(Brain-Map)

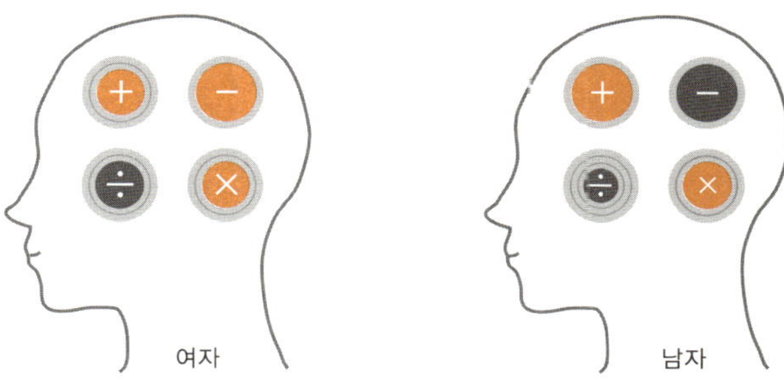

진단내용 ▮ 여자의 경우 돈 버는 능력, 불리는 능력, 돈 나누는 능력이 약하고 돈 쓰는 능력만 보통 이상이다. 즉 돈을 관리하고 모으려는 능력만 있지 그 외 능력은 갖추지 못하였다.

한편 남자의 경우는 돈 버는 능력과 돈 쓰는 능력은 보통 이상으로 나타나지만 돈을 불리는 능력과 특히 나누는 능력은 전혀 없다. 이런 재무심리 뇌구조를 가지고 결혼하면 큰 부자는 어렵지만 미리미리 준비하고 계획적으로 살면 돈에 대해 크게 어려움 없이 살 수 있는 커플이다. 하지만 두 사람 다 나누는 능력이 없어 인간관계에 문제가 있을 수 있고, 특히 형제가 많은 집일 경우 관계가 어려워질 수 있다.

④ 최종 처방

두 사람은 결혼을 해도 돈에 대한 생각이 비슷하고 행동 또한 유사한 성향을 띄고 있어 별 문제가 없다고 보여진다. 단지 두 사람 공히 불리는 능력이 부족하여 재산 증식에 어려움이 나타난다. 이 부분은 재무전문가의 도움을 받아 돈을 적절하게 불려 키워야 할 필요가 있다.

또 두 사람 공히 돈을 나누는 능력을 키워 돈을 쓰지 않아 관계가 악화되는 것을 방지할 필요가 있다. 단돈 1만원이라도 정기적으로 남을 돕는 행동을 하는 것이 부자로 가는 지름길이다.

두 사람 다 공히 가지고 있는 베짱이형과 유아형의 성향을 줄이는 게 보다 풍요롭고 안전한 삶을 위해 필요하다.

상담사례-2

- 여자: 29세 직업: 관리직, 남자: 34세 직업: 사업

① 재무유형

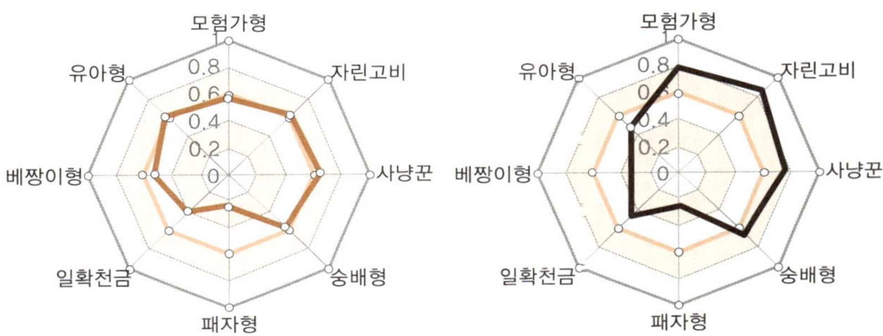

진단내용 ▮ 재무유형으로 볼 때 남자는 전형적인 사업가 스타일이고 부자가 되는 유형이다. 반면 여자는 큰 욕심 없는 소박한 유형이다. 여자의 입장에서 보면 유능한 남자를 만났다고 할 수 있고, 남자의 경우에도 주도적인 성격상 여자의 유형은 문제가 되지 않는다. 하지만 장래에 발상할 수 있는 문제의 소지는 꿈꾸는 돈의 양이 서로 너무 다르다는 데 있다. 이 때문에 여자가 힘들 수 있다. 남자 는 돈을 많이 벌어도 만족하지 않기 때문에 여자의 소박한 꿈이 상처를 받을 수 있다. 돈은 충분히 가져다주기 때문에 돈이 기준이라면 여자는 불행할 이유가 없을 정도다. 하지만 여자 쪽에서 가정적이고 가족을 위한 남편과 아빠를 원한다면 문제가 될 수 있다. 사전에 이 문제에 대해 짚고 넘어가도록 서로 이해시켜 주었다.

② 재무행동 장애(Disorder)

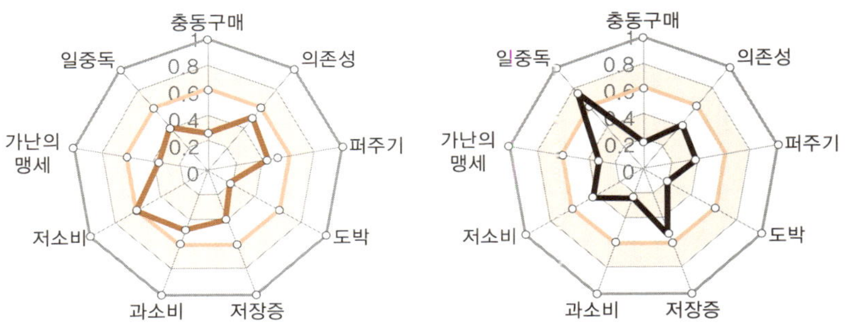

진단내용 ▎재무장애를 볼 때 여자에게는 저소비가 나타나고 남자에게는 일중독이 심하게 나타난다. 여자는 근검절약의 성향이 나타나는 반면 남자는 일에 빠져 있는 상태이다. 해야 할 일이 눈에 보이고 사업의 확장이나 기회를 잡기 위해 불철주야 뛰고 있다. 데이트 중에도 일을 생각하기도 하고 회사일 때문에 데이트 약속을 어길 때도 있어 불만이다. 상담결과 남자는 자기가 이루어야 할 사업의 목표가 뚜렷하고 그것을 이루기 위해 최선을 다하고 있고 상당 부분 이룬 상태였다. 상담을 통해 여성은 왜 자신의 남자친구가 그렇게 바쁜지 알게 되었고, 남자도 여자친구가 왜 사소한 것에 상처받는지 알게 되어 서로를 아는 좋은 기회가 되었다.

③ 재무심리 뇌구조(Brain-Map)

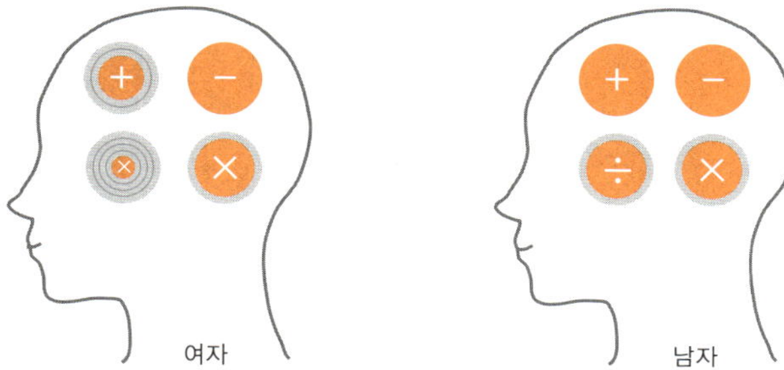

진단내용 ▎여자의 경우 돈 쓰는 능력과 돈 불리는 능력은 보통 이상이고 돈 나누는 능력은 아주 약하다. 반면 남자는 전형적인 아름다운 부자의 뇌구조를 가지고 있다. 돈을 잘 벌고 잘 관리하고 잘 불려서 돈을 나누기도 잘하는 아주 훌륭한 사람이다. 재무심리 뇌구조로 볼 때 여자는 저소비와 나누지 않는 성향인 데 반해 남자는 대외적으로 잘 나누는 성향이기 때문에 이 부분에서 갈등이 생길 수 있다. 이 부분에 대해서는 여자분에게 나눔의 중요성과 역할에 대해 인식시키고 나눔을 실천하도록 도와주었다.

④ 최종 처방

두 사람은 돈에 대한 욕심과 적극성에 대해서는 서로 다르지만 남자의 경우 나무랄 데 없는 전도양양한 젊은 사업가이다. 현재로써는 여자가 감당하기 어려운 사이즈의 돈의 목표를 가지고 있다. 살아가면서 돈 문제는 없지만 일로 인해 가정의 갈등이 발생할 수 있다. 미리미리 원칙을 세우고 서로의 입장에서 생각해주고 때로는 격려해주는 것이 필요하다. 이러한 모든 것들이 상담을 통해 이야기 되고 서로 공감하게 되었다.

● 여자: 27세 직업: 판매직, 남자: 30세 직업: 영업직

① 재무유형

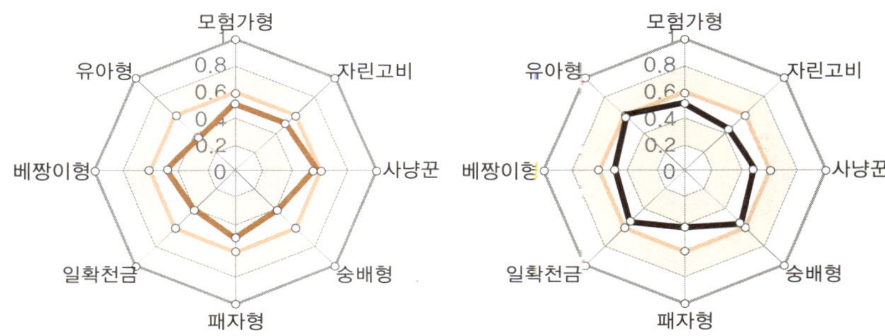

진단내용 ▮ 재무유형으로 볼 때 남자보다는 여자가 돈에 대해 좀 더 적극적이다. 남자의 경우는 돈에 대한 욕심이 없다. 부자가 되지 못하는 유형이다. 반드시 개선이 필요하다. 두 사람이 결혼한다면 돈 문제가 발생한다. 유형으로 볼 때 남자는 리더보다는 팔로워형이고 소극적이다.

② 재무행동 장애(Disorder)

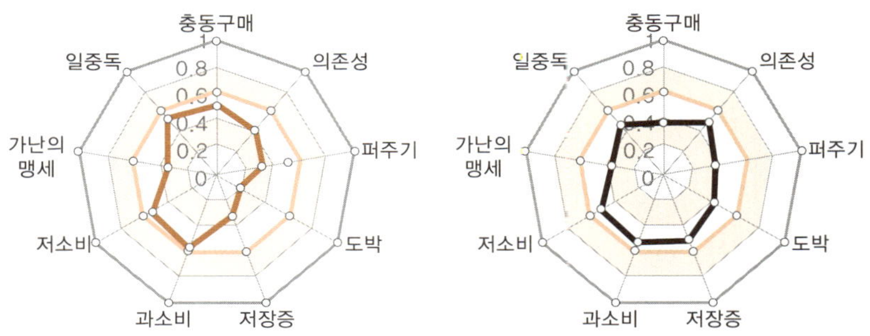

 ▌ 재무장애를 보면 여자에게는 저소비와 과소비성향이 나타난다. 남자는 의존성과 과소비가 경계수준으로 나타난다. 여자의 경우 수입보다 지출이 많은 현상 때문에 돈을 쓰지 못하는 저소비 성향이 나타나는 것이다. 두 사람 다 결혼을 하면 유의할 점은 과소비 부분이고 남자는 의존성을 버려야 한다.

③ 재무심리 뇌구조(Brain-Map)

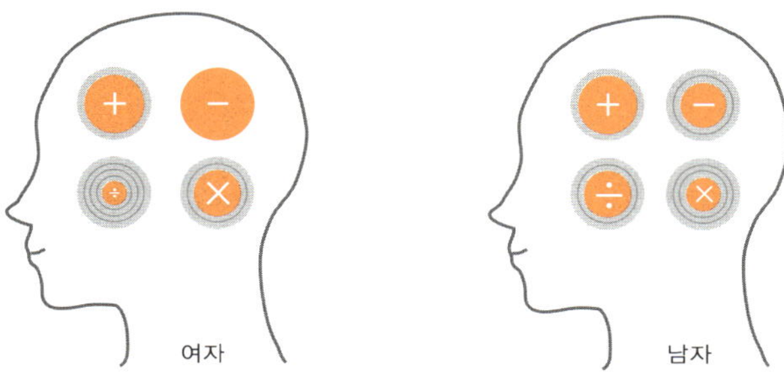

 ▌ 여자의 경우 돈 버는 능력, 돈쓰는 능력은 약하고 불리는 능력은 있지만 불릴 수 있는 여력을 만들지 못한다. 그 이유는 돈을 쓰는 능력이 약하기 때문이다. 반면 남자는 유일하게 돈을 관리하는 능력인 돈을 쓰는 능력만 보통 이상이고 나머지는 다 부족하여 절대적으로 수입 창출 능력이 떨어진다.
남자의 경우 영업직보다 관리직에 어울리는 타입이다. 현재 이런 상태로 결혼을 하면 가정경제에 문제가 온다. 결혼하기 전에 반드시 재무심리를 건강하게 바꾸는 것이 필요하다.

④ 최종 처방

이 상태로 결혼해서는 어렵다고 할 수 있다. 다행히 두 사람이 결과를 인정하고 어떻게 해야 하는지 상담하면서 재무심리 테라피를 진행하였다. 사귄 지 오래되어서 막연하게 생각했는데 충격이었지만 자신들의 아름다운 사랑을 위해 서로 노력하며 약점을 보완하고 준비하기로 하였다. 지속적인 관리가 필요한 예비부부 커플이다.

건강한 부자 자녀 만들기

재무심리는 대물림된다고 했다. 왜냐하면 자신의 환경으로부터 보고 배우는 것이기 때문이다. 이러한 측면에서 부모의 재무심리는 자녀의 재무심리 형성에 직접적이고 아주 큰 영향을 미치게 된다.

중요한 것은 부모 스스로가 자신의 재무심리에 대해 알지 못하고 그것이 건강한 것인지 아닌지를 모른다는 것이다. 따라서 자녀의 재무심리를 조기에 검사하여 돈에 대한 건강한 개념을 심어주고 건강한 재무행동을 가르칠 필요가 있다. 자녀들의 조기 재무심리검사는 자녀를 건강한 부자로 만들고, 나아가 건강한 사회를 만드는 초석이 될 것이다.

또한 재무심리검사는 자녀의 진로 및 직업선택에 있어서 중요한 도구로 사용될 수 있다. 재무심리검사는 재무인성적성 검사로 사용될 수 있고 재무인성적성은 직업선택에 아주 중요하다.

자신의 재무인성에 맞는 직업이 있다. 예를 들어 재무유형이 사냥꾼형으로 돈을 불리고 키우는 데 흥미를 가지고 노력하는 유형이라면 금융기관 특히 투자와 관련된 직업을 택하는 것이 적합하다. 자린고비형이며 돈 관리능력이 뛰어난 재무인성을 가진 사람은 관리직이나 자금 및 회계부서가 적성에 맞다. 모험가 유형이며 돈 버는 능력이 뛰어난 사람은 사업가나 영업직이 자신에게 적합한 직업이 된다. 자신의 재무인성이 최대한 발휘되어 높은 생산성을 보이는 직업인이 될 수 있는 것이다.

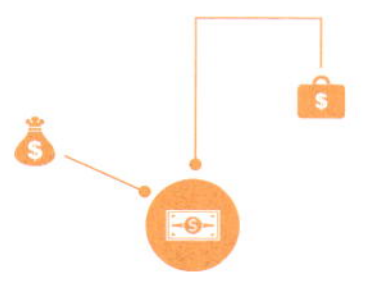

사업가 아내의 재무심리
vs
직장인 아내의 재무심리

어느 쪽이 승리자인가?

사례_ 직장인 남편의 아내

A씨는 직장인 남편을 둔 전업주부이다. 그런데 친구들 모임에 갔다 오면 늘 마음이 상해 남편이 미워진다. 사업하는 남편을 둔 친구들의 자랑에 기가 죽고 자신이 작아지는 듯한 느낌을 받기 때문이다. 그래서 남편이 다른 친구 남편들처럼 돈을 많이 벌어 왔으면 하는 바람을 가지고 있다.

B씨는 중소기업을 하는 남편을 둔 전업 주부이다. 남편의 사업이 한창 잘 나가다가 최근 들어 주춤하고 남편의 표정도 밝지 못하다. 그래서 은행 잔고를 보니 잔고는 비상생활자금으로 쓸 수 있는 돈이 거의 없고 카드결제액이 매월 400만원 이상이 나온다. 그래서 불안하다.

표 ▌ 두 가정의 소득 비교 단위 : 만원

구분	1월	2월	3월	4월	5월	6월	7월	8월	9월	10월	11월	12월	합계
직장인	450	450	450	450	450	450	450	450	450	450	450	450	5400
사업가	600	600	600	800	1000	300	200	300	300	200	300	200	5400

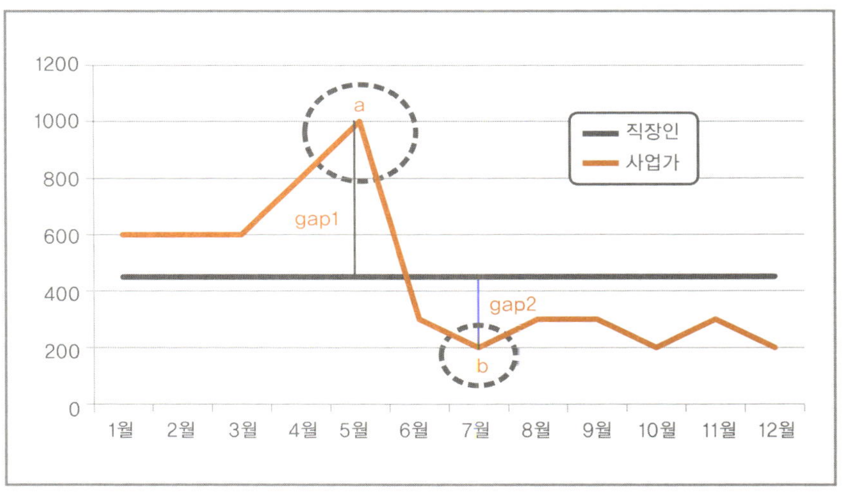

두 가정의 비교분석

소득의 위험

그래프를 볼 때 소득의 위험은 사업가의 가정이 훨씬 높다. 즉 수입이 안정적이지 못하다. 수입이 많을 때는 1000만원이 되지만 적을 때는 200만원까지 떨어진다. 수입의 편차가 커서 불안정하고 위험하다. 그리고 1월에서 5월까지 소득이 집중되어 있고 후반부로 가면 소득이 급격히 줄어든다. 반면 직장인의 수입은 일정하고 안정적이다. 월 450만원씩 1년 내내 일정하게 들어온다.

최고의 수입은 점a 1000만원으로 사업가의 차지이지만 최저수입 점b 200만원 또한 사업가가 기록하고 있다.

수입과 재무심리

① 점a의 경우(수입 1000만원)-gap 1

〈사업가의 아내〉

지속적인 수입의 증대와 월 1천만원 수입에 고무되어 남편의 사업이 잘되고 있고 앞으로도 계속 잘될 것이라는 확신을 가지게 된다. 그래서 지출 또한 그에 맞게 규모가 커진다. 친구들과의 모임에 가서 남편사업을 자랑하고 밥값도 자기가 내며 뽐낸다. 결과적으로 더하기(+) 재무심리에 빠지게 된다.

친구 남편의 사업을 부러워하고 여유 있게 돈을 쓰는 친구처럼 되고 싶다. 반면 남편의 수입에 대해 불만을 가지게 되고 자신도 빨리 부자가 되고 싶어 한다. 상대적 박탈감으로 자신이 가진 가정의 안정성과 좋은 점은 간과하고 있다.

② 점b의 경우(수입 200만원)-gap 2

급격히 줄어든 수입으로 인해 불안해 하지만 여전히 잘 벌던 때의 수입을 바라고 지출의 규모는 여전히 줄어들지 않고 커져 있어 신용카드의 사용액이 증대되고 있다. 재무심리 부조화를 겪고 있고 경제적인 불안감도 가지게 된다. 일정한 소득이 안정적으로 들어오는 직장인 남편을 둔 친구들이 살짝 부러워진다.

모임에도 잘 나오려 하지 않고, 예전과 달리 눈치를 보며 돈을 쓰는 사업가 남편을 둔 친구의 표정을 보면서 안정적인 수입을 가져오는 남편에 대해 소중함을 느끼지만 여전히 풍족하게 살고 싶어 한다.

솔루션(Solution)

사업가의 아내에게 필요한 재무심리

수입을 월급화 하라

개인사업이든 자영업이든 사업이 잘 되고 안 됨에 따라 수입이 들쑥날쑥하게 된다. 스스로 수입의 불안정성과 위험을 인식하고 수입을 균등하게 할 필요가 있다.

사례에서 보듯이 연봉이 5400만원으로 동일하지만 소득의 불안정성으로 인한 재무심리 또한 부조화를 겪게 된다. 따라서 사업가 아내는 수입을 월 450만원 규모로 맞추고 돈을 더 벌면 모으고 비축하고, 부족하면 비축한 돈에서 450만원을 맞추어 일정한 월급생활로 바꾸는 것이 건강한 재무심리이다.

많이 번다고 해서 많이 쓰고 또 잘될 것이라고 생각하여 더 쓰는 재무심리는 건강하지 못하다. 결국 가정의 재무위험을 가져오게 한다.

사업가 아내는 남편의 수입 불안정을 인식하고 스스로 위험관리를 하여 가정경제를 튼튼히 유지해야 한다. 그렇지 않고 안정적으로 돈을 많이 가져오기를 기대하는 것은 사업가 아내의 재무심리에 맞지 않는다. 이는 직장인 아내의 재무심리이다. 안정적인 수입을 원한다면 처음부터 직장인 남편과 결혼해야 한다.

직장인 아내에게 필요한 재무심리

안정적인 수입에 감사하고 규모에 맞게 가정경제를 설계하고 꾸려나가라

일정한 소득이 안정적으로 들어온다는 것은 아주 중요하다. 자신과 가정의 미래를 설계하고 준비하는 데 이만큼 좋은 것이 없다. 하지만 단점으로는 미래가 눈에 뻔히 보인다는 데 있다. 남들처럼 사업하여 큰돈 벌어 빌딩도 사고 떵떵거리며 살기에는 역부족이기 때문이다. 특히 직장인 남편을 가진 아내가 사업가처럼 돈을 크게 벌어으기를 바란다면 잘못된 것이다. 월급 450만원을 받는 남편에게 월 1천만원을 벌어오라고 하면 남편이 어떻게 행동할까? 투잡, 쓰리잡, 아니면 주식 투자 등에 빠질 것이다.

따라서 무리한 요구는 정답이 아니다. 큰 부자가 되려면 처음부터 사업가와 결혼해야 한다. 직장인한테 사업가의 수입을 요구한다는 것은 맞지 않다.

 **재무심리 TIP**

소비자들은 실력 있는 전문가를 가려낼 눈이 없기 때문에 은행이나 이름 있는 회사에 소속된 전문가들을 선호하기 마련이다. 하지만 금융에 있어서 실력은 개인의 능력만 있을 뿐이다. 그가 어떤 자격증을 가지고, 어떤 마음자세로 소비자를 대하느냐가 핵심이다. 나의 인생을 진심으로 상담하고 가장 합당한 것을 보여 주는 사람이 나에게 가장 좋은 전문가다.

아름다운 부자가 되는 10가지 법칙

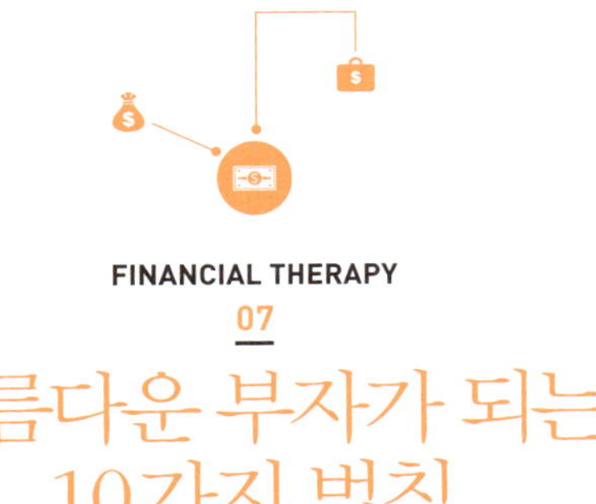

아름다운 부자가 되는 10개의 법칙을 요약하면 다음과 같다.

① 마이너스를 마이너스 하라

② 게으른 본성을 마이너스 하라

③ 가난의 언어를 마이너스 하라

④ 화려함을 마이너스 하라

⑤ 시간을 마이너스 하라

⑥ 유혹을 마이너스 하라

⑦ 지출을 마이너스 하라

⑧ 수도꼭지 크기를 마이너스 하라

⑨ 소득의 리스크를 마이너스 하라

⑩ 곳간을 마이너스 하라

마이너스를 마이너스 하라

성공과 부자를 갈망하다가 실패하여 고통에 빠지기보다는 실패와 가난을 가져오는 위험요소를 먼저 보고 그것을 제거하여 안전한 삶, 성공과 부가 따라오는 삶의 가치관과 사고의 전환이 필요하다.

즉 (−2)×(−2)=+4가 되는 뉴플러스 원리를 삶에 적용시켜야 한다(성공을 가로 막는 요소(−)를 마이너스(−)하면 성공은 따라온다).

게으른 본성을 마이너스 하라

서 있으면 앉고 싶고 앉으면 눕고 싶고 누우면 자고 싶은 게으른 본성을 제거해야 성공과 부자가 될 수 있다. 이 게으른 본성은 쉽고 편한 방법과 빨리 뭔가를 이루려고 하는 일확천금의 속성으로 사람들을 이끌고 간다. 궁극적으로 실패와 가난을 가져온다. 따라서 부자가 되고 성공하기 위해서는 게으른 본성을 반드시 제거해야 한다.

가난의 언어를 마이너스 하라

우리가 하는 말들이 우리 삶속에서 그대로 이루어지는 경우가 허다하다. 그래서 예부터 말을 조심하고 가려서 하라고 하지 않았던가. 항상 내가 어떤 말을 쓰고 있느냐가 나의 성패를 좌우한다. 부자가 되려면 가난의 언어를 버려야 하고 부자의 언어를 써야 한다.

"아이 죽겠다, 힘들다, 되는 게 없네, 짜증나, 될 대로 되라, 더러운 세상…"

위와 같은 패배주의적인 말들을 버리고 긍정적이고 적극적인 생각과 감사하는 마음을 가져야 한다.

화려함을 마이너스 하라

내 안에 있는 허세를 버리고 실속을 찾아야 한다. 보여지는 외형의 크기, 아름다움, 편리를 추구하다가 그 이면에 가려진 위험에 빠져 실패와 고통을 당하게 된다. 장미의 아름다움에 눈이 멀어 덤비다가 가시에 찔리게 된다. 항상 먹음직하고 그럴 듯해 보이는 것들 뒤에는 위험이 도사리고 있다. 이러한 화려함을 좇는 내 안의 허세를 버려야 한다.

시간을 마이너스 하라

인생을 마라톤에 비유한다. 마라톤에서 완주를 하려면 42.195km를 뛰어야 한다. 하지만 이제 인생의 마라톤은 더 길어졌다. 100세 시대에 수명이 늘어나면서 이전보다 10km 늘어난 52.195km를 달려야 한다.

마라톤에서는 체력안배와 시간 전략이 중요하다. 이렇듯 우리 인생에도 나이나 중요한 전환기가 다가오게 되는데 그때마다 필요한 재무적 준비가 실행되어야 한다. 시간대별로 해결해야 하는 인생의 돈문제들을 인생의 타임라인에 펼쳐두고 각 이벤트별로 시간을 나누어 준비해야 한다. 한꺼번에 돈을 마련하기보다 시간을 두고 준비하는 것이 옳은 방법이고 젊어 빨리 벌어 성공해서 편하게 사는 방법보다는 재무목표를 세분화하여 단기, 중기, 장기적으로 분산하여 인생을 준비하는 것이 필요하다.

유혹을 마이너스 하라

세상에는 더하기 전문가들과 돈을 쓰게 만드는 환경과 사람들로 넘친다. 내 인생에 꼭 필요한 돈을 만들려고 해도 누구를 만나는가에 따라 내 인생이 달라진다. 투자전문가를 만나면 투자에 내 돈이 들어가게 되고, 부동산

전문가를 만나면 내 돈이 부동산에 투자가 된다.

홈쇼핑이나 인터넷쇼핑 등 각종 충동구매를 자극하는 마케팅의 유혹에서 벗어나 자신의 돈을 지켜야 한다. 그러기 위해서는 높은 투자 수익에 현혹되어 잘못된 투자를 하지 않아야 하고 항상 장기적으로 분산투자하는 건강한 심리를 가져야 한다. 또한 계획된 지출로 인해 충동구매 과소비를 방지하는 것이 자신과 가정을 지키는 방법이다.

지출을 마이너스 하라

꼭 써야 하는 필수지출이 있고 쓰지 않아도 되는 선택적 지출 내지는 불필요한 지출이 있다. 필수지출은 반드시 해야 하지만 불필요한 지출을 제거하면 돈이 생긴다. 즉 마이너스를 마이너스하면 플러스가 되는 원리이다. 불필요한 전등을 끄면 돈이 생기고 수도꼭지를 잠그면 돈이 생긴다. 생활 속에서 불필요한 지출을 줄여 플러스로 만드는 생활습관이 필요하다.

수도꼭지 크기를 마이너스 하라

수도꼭지의 크기에 따라 나오는 물의 양이 달라진다. 큰 수도꼭지를 가진 사람은 물이 콸콸 쏟아지고 중간 크기의 수도꼭지를 가진 사람은 적당히 물이 나올 것이다. 마지막으로 작은 수도꼭지를 가진 사람은 물이 졸졸 나올 것이다. 수도꼭지 크기에 따라 물을 쓰는 마음이 달라진다.

물이 콸콸 쏟아지는 집은 언제라도 물이 넘치기 때문에 따로 저장할 필요성을 느끼지 못한다. 반면 물이 졸졸 나오는 집은 물을 저장해 사용할 것이다. 만약 물 공급이 끊기면 어떻게 될까? 누가 제일 고통을 받게 되는가? 당연히 제일 큰 수도꼭지를 가진 사람일 것이다.

이와 같이 현재 소득이 크게 들어오는 사람은 그에 맞춰 소비도 크게 되어 실제 저축되는 것이 별로 없이 누리며 살다가 어느 날 소득에 변동이 오면 크게 고통받게 되는 것이다. 따라서 소득이 아무리 크더라도 스스로 수도꼭지를 작게 만들고 평소 저장하는 습관을 들여야 한다.

소득의 리스크를 마이너스 하라

많은 사람들이 월급에 의존하며 살고 있다. 그러다 보니 퇴직을 하거나 이직을 할 경우 가정의 수입에 차질이 오고 때로는 경제적 어려움을 당한다. 직장은 자신의 발로 언제나 그만둘 수도 있고 회사 사정상 그만 둬야 할 경우도 발생한다. 우리는 항상 비상시를 염두에 두고 소득이 끊어졌을 경우를 대비해야 한다. 수입원을 다원화할 필요가 있다. 부부 맞벌이 또한 한 방편이 되기도 한다. 무엇보다도 항상 비상자금을 비축하여 직장을 다시 구할 때까지 버틸 수 있게 해야 한다. 또한 일에서 전문성을 지속적으로 계발하여 확고한 직업의 안정성을 확보해야 한다.

곳간을 마이너스하라

9가지 법칙을 잘하여 돈이 모여도 곳간을 열지 않으면 문제가 생긴다. 물은 고이면 썩는다. 돈도 한곳에 머물러 고이면 썩고 문제가 생긴다. 돈 때문에 자녀를 망치고 형제가 원수가 되기도 한다. 돈을 나누는 행위는 자신의 삶을 윤택하게 할 뿐 아니라 남들도 살리는 길이다. 나눔은 선택이 아니라 필수이다. 나눔은 마중물 역할을 하여 더 많은 돈을 가져오는 역할을 한다. 그래야만 아름다운 부자의 길을 걸을 수 있다.

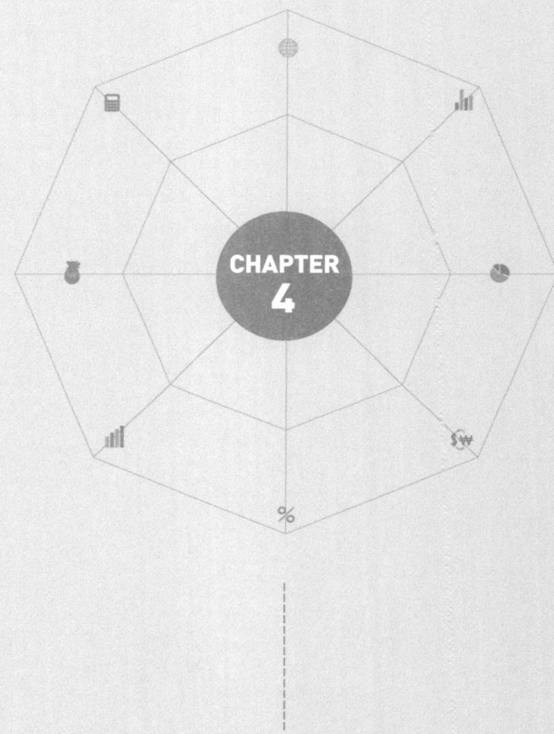

돈 걱정에 잠 못드는 99%를 위한 해법

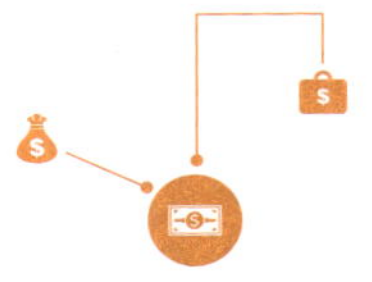

FINANCIAL THERAPY
01

재무심리 통계(Statistics)

> ㈜한국재무심리센터에서 실시한 상담결과를 바탕으로 분석한 결과.
> 총 상담자:3000명, 기간: 2013-2014.7.31

꿈과 목표

- 상담자에게 미래에 대한 꿈과 목표를 구체적으로 가지고 있는지 여부를
  질문

응답결과

전체 응답자 중 5%만 구체적인 꿈과 목표를 가지고 살고 있는 것으로

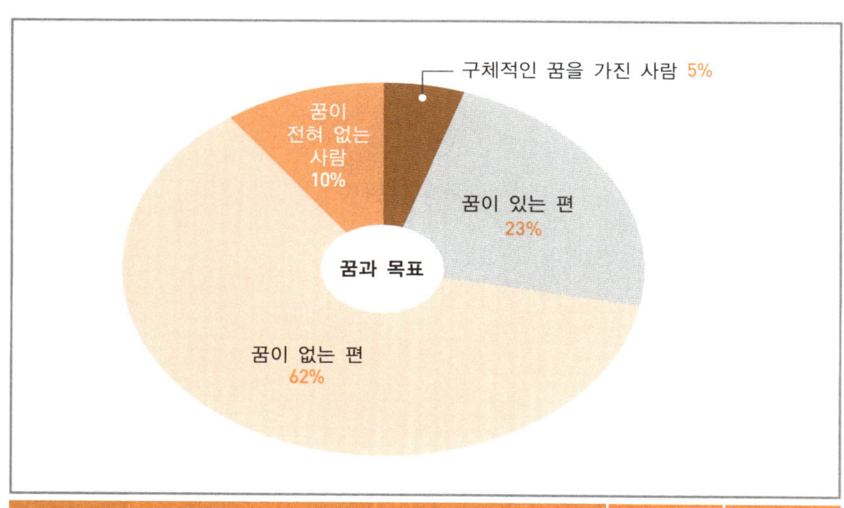

항 목	응답자	구성비
꿈과 목표를 아주 구체적으로 가지고 있는 사람	150명	5%
꿈과 목표가 구체적이지는 않지만 가지고 있는 사람	690명	23%
꿈과 목표가 막연하고 분명하지 않는 사람	1860명	62%
꿈과 목표에 대해 전혀 인식하지 못하며 사는 사람	300명	10%
합계	3000명	100%

나타났고 반면 꿈과 목표가 전혀 없이 살고 있는 사람이 응답자 중에 10%였다. 전체적으로 보면 꿈과 목표를 가진 쪽이 28%, 꿈과 목표 없이 살고 있는 쪽이 72%로 나타났다.

구체적인 꿈과 목표 없이 방황하며 사는 사람이 아주 많다는 사실을 나타내 주고 있다.

삶의 활력

- 상담자에게 현재 삶의 활력이 어느 정도인지 질문.
- 구성요소: 가정의 화목, 일에 대한 만족과 기쁨, 친구들과의 관계, 정신적 스트레스, 육체적 피로도, 행복지수, 일상의 어려움 등을 확인.

응답결과

전체 응답자 중 11%는 아주 활력이 넘치는 삶을 살고 있고 반면 응답자 중 10%는 아주 우울한 삶을 살고 있는 것으로 나타났다. 활력이 있는

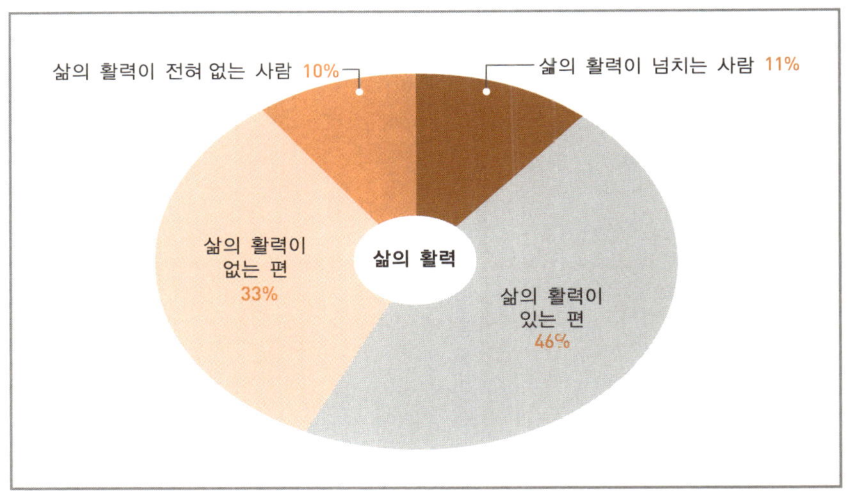

항 목	응답자	구성비
삶의 활력이 넘치는 사람	330명	11%
삶의 활력이 있는 편인 사람	1380명	46%
삶의 활력이 약한 사람	990명	33%
삶의 활력이 아주 약한 사람	300명	10%
합계	3000명	100%

편으로 나타난 사람은 응답자 중 57%, 활력이 떨어져 있는 사람이 43%
로 나타난다. 현재 우리 사회는 두 사람 중 한 사람은 삶의 활력이 없이
힘들게 살고 있다는 사실을 나타낸다.

남편에게 경제권이 있을 경우 부부 사이에 종속 관계가 형성되고, 아내에게
는 의존성이 생긴다. 남편의 사소한 말도 아내에게는 억압으로 다가온다. 때
로는 생활비를 타면서 모멸감을 느끼기도 한다. 특히 외벌이는 대부분 종속
관계다. 돈 문제는 항상 파워와 연결되어 있다. 주도권을 쥔 사람에게 힘이
실릴 수밖에 없다. 경제권을 쥐고 있다 하여 횡포를 부리는 것은 치사한 일
이다. 외벌이 남편의 수입은 남편의 수입이 아니라 가정의 수입이다. 따라서
재무목표도 같이 세우도 예산도 함께 세워야 한다. 제도적인 장치로 마련해
두는 것이 좋다. 맞벌이 부부의 경우 특히 협력이 잘 되어야 한다. 협력이 되
지 않으면 외벌이 부부보다 훨씬 쉽게 깨지고 만다. '나 혼자서도 잘 먹고 잘
살 수 있기' 때문이다. 여기서 가장 중요한 포인트는 서로에 대한 배려와 이
해다.

사행일치

- 상담자가 자신의 꿈과 목표를 이루기 위해 실제 하고 있는 실천의 정도를 확인.
- 구성요소: 재무목표와 자기계발.

응답결과

전체 응답자 중 4%만이 자신이 세운 인생의 꿈과 목표를 위해 계획대로 잘 실천하고 있는 반면 부분적으로 실천하고 있는 사람은 13%로 나

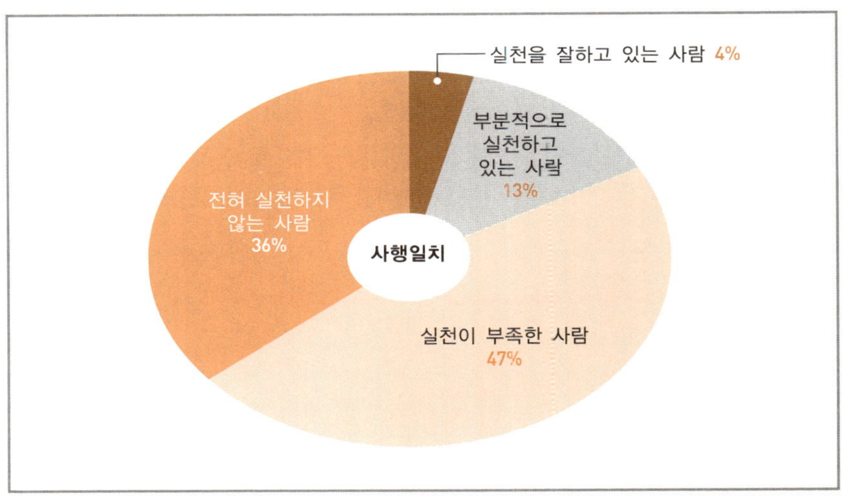

항 목	응답자	구성비
실천을 잘 하고 있는 사람	120명	4%
부분적으로 실천하고 있는 사람	381명	12.7%
실천이 부족한 사람	1419명	47.3%
전혀 실천하지 않는 사람	1080명	36%
합계	3000명	100%

타난다. 실천이 잘 안 되고 부족한 사람이 47%, 전혀 실천하지 않고 있는 사람도 36%나 나타난다. 전체적으로 보면 실천하고 있는 사람이 17%, 실천이 안 되고 있는 사람이 83%를 차지한다.

현대인의 삶에 계획과 실천이 여전히 큰 문제로 드러나고 있다.

 **재무심리 TIP**

당장의 소비는 만족과 편리를 주지만 그 대가는 인생으로 갚아야 한다. 과도한 소비는 인생의 이벤트를 준비하지 못하게 하는 현실적인 문제를 야기시킬 뿐 아니라, 소비를 유지하기 위한 무리수를 두게 하여 투자심리까지 무너뜨린다.

반면 계획된 지출은 큰 기쁨으로 돌아온다. 당장 사고 싶은 욕구를 억제하고 5년 후 가족의 해외여행을 목표로 돈을 모았다고 가정해 보자. 계획적인 행동을 통해 얻는 기쁨은 똑같은 소비라도 더 큰 만족과 기쁨을 준다. 계획된 지출로 얻는 만족은 한번 누려 봐야 그 기쁨의 크기를 알 수 있다. 너무 장기적이고 금액이 커서 어렵다면, 우선 단기적인 목표를 세워 작은 것부터 누려 보는 것도 좋다.

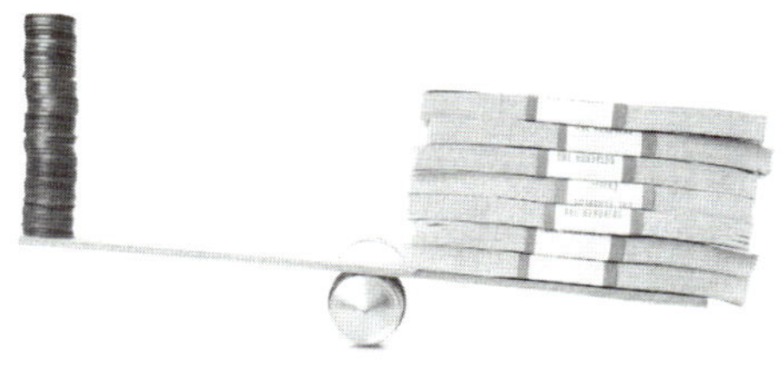

재무유형

상담자의 재무유형을 진단한 결과이다. 상담자는 사람에 따라 복수의 재무유형에 해당될 수 있다. 내면의 돈에 대한 심리상태에 따라 여러 유형에 동시에 해당되기 때문이다.

통계 해설

전체적으로 볼 때 응답자 중 가장 많은 42%가 모험가형에 해당되는 것으로 나타난다. 이것은 우리나라 사람들의 돈에 대한 도전적이고 모험적인 성향을 나타낸다.

▌응답결과

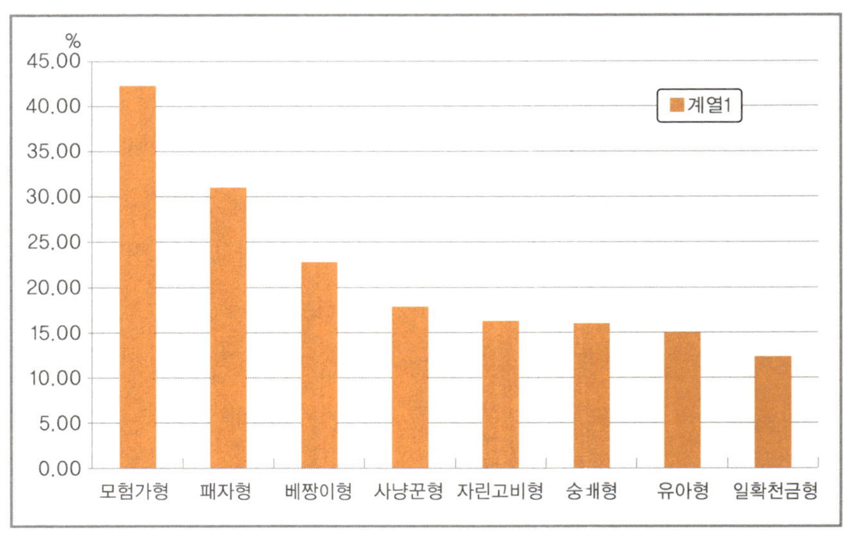

유형	모험가형	패자형	베짱이형	사냥꾼형	자린고비형	숭배형	유아형	일확천금형
%	42%	31%	22.8%	17.9%	16.3%	16%	15%	12.3%

크게 돈 벌려고 하고 부자 되려고 과감하게 행동하는 성향을 반영하고 있다. 두 번째로 많이 나타난 유형은 패자형이다. 응답자 중에서 31%가 돈으로부터 현재 고통 받고 있는 패자형으로 나타나고 있어 우리나라 가계부채 등 경제상황을 그대로 반영하고 있다.

세 번째 많이 나타나는 유형은 전체 응답자 중 22.8%인 베짱이형이다. 편하고 쉽게 돈을 벌려는 속성이 나타난다.

네 번째로 나타나는 유형은 사냥꾼형이다. 전체 응답자 중 17.9%를 차지하며 이것은 우리나라 사람들의 투자성향을 나타낸다. 재테크나 여러 가지 투자 등으로 돈을 불리고 벌려는 속성을 나타낸다.

다섯 번째로는 돈을 근검절약하고 아끼는 자린고비형으로 나타나고 16.3%가 여기에 속한다. 이 수치가 약한 것은 우리나라 사람들의 돈관리 능력을 말해주는데, 충동구매, 과소비 등 무절제 무계획이 상대적으로 많다는 사실을 의미한다.

여섯 번째로는 숭배형으로 16%가 여기에 속한다. 숭배형은 돈의 존재가 자신의 삶에서 아주 중요하고 때로는 무엇보다 우선시 된다고 생각한다. 배금주의 사회의 한 단면을 보여준다. 다음으로는 유아형으로 15%가 여기에 속한다. 유아형은 돈의 무서움을 모르고 미래보다는 현재에 집중하고 즐기는 유형이다. 여성과 젊은이들에게 많이 나타난다.

마지막으로 일확천금형이 전체 12.3%나 된다. 이 유형은 한방을 노리고 큰돈을 빨리 벌려는 유형으로 반드시 실패할 수밖에 없는 유형이다. 이 또한 우리 시대의 한 단면으로 한강의 기적 등을 통해 급격한 경제성장을 이룬 우리나라 사람들이 부동산, 로또, 경륜, 경마, 도박 등 한방이나 대박을 좇는 성향을 반영하고 있다.

재무장애

통계 해설

가장 많이 나타난 장애는 저장증으로 전체 응답자의 32.81%나 차지했다. 자신의 물건을 잘 버리지 못하고 저장하는 행동을 이야기하는데, 아까워 버리지 못하고 과거의 추억 등을 생각하며 보관하는 경향을 나타낸다. 하지만 저장증은 주위가 정리정돈 되기보다는 깨끗하지 못한 환경을 유발하는 자신의 정신상태를 말해주므로 정리정돈 습관과 충동구배·과소비로 인해 물건이 저장되는 것을 제거해야 한다.

두 번째로 많이 나타나는 장애는 일중독이다. 전체 25.88%가 일중독 경향을 보였다. 그만큼 우리나라 사람들이 현실의 경쟁에서 살아남기 위해

▍통계 해설

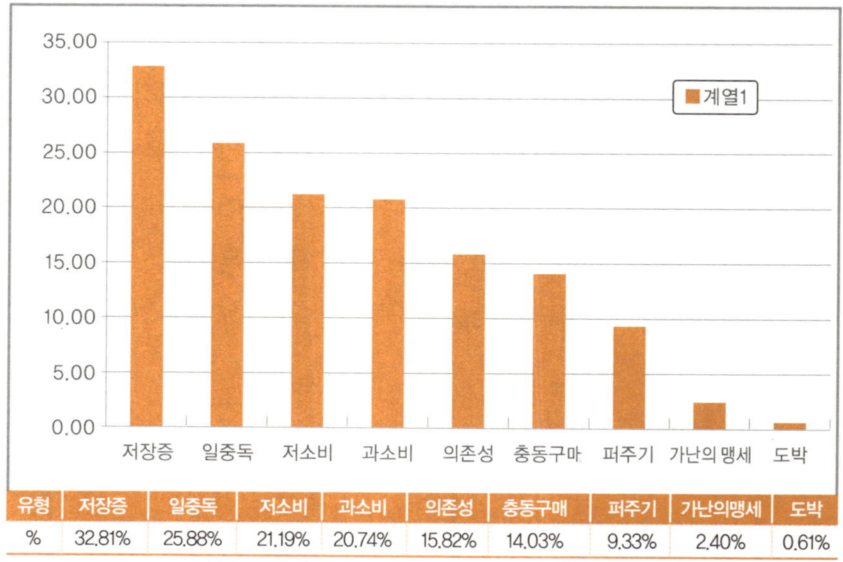

유형	저장증	일중독	저소비	과소비	의존성	충동구매	퍼주기	가난의맹세	도박
%	32.81%	25.88%	21.19%	20.74%	15.82%	14.03%	9.33%	2.40%	0.61%

부지런히 움직이고 있다는 의미일 것이다.

세 번째로는 저소비 경향이 전체 21.19%나 해당된다. 저소비는 미래의 불안으로 인해 돈을 쓰지 않으려는 경향을 말하는데, 이는 우리나라의 가계현실과 미래 경제 상황을 불확실하게 보는 사람들이 많다는 의미로 해석할 수 있다.

네 번째로는 과소비가 전체 20.74%로 나타난다. 이것은 필요 이상의 물건을 구입하고 계획대비 지출이 초과하는 상황을 말해준다.

다섯 번째로는 의존성으로 전체 15.82%가 해당된다. 자신의 경제문제를 부모 형제 배우자 친구 등 다른 사람에게 의지하려는 경향을 나타낸다.

여섯 번째로는 충동구매로 14% 이상이 해당된다. 현대 사회의 마케팅 기법 발달로 충동구매 경향이 증대되고 있음을 나타내준다.

일곱 번째로는 퍼주기로 응답자 중에 10% 정도가 해당된다. 퍼주기는 자녀가 달라는 대로 주고, 남의 부탁을 거절하지 못하여 돈을 빌려주고 못 받거나, 온정주의에 빠져 자신의 가정을 챙기기보다 남을 도와주다 자신의 가정에 문제가 발생하는 경우이다. 퍼주기와 나누기는 전혀 다른 것이다. 퍼주기는 결국 돈 때문에 사이가 갈라지거나 결과가 안 좋게 된다.

여덟 번째 장애로는 가난의 맹세로 전체 2.4%가 여기에 해당된다. 정의로운 방법으로 돈을 벌어야 하고, 부자를 멸시하고, 돈을 멀리하려 하고, 봉사와 헌신에 가치를 두는 경향을 말한다. 성직자에게 해당된다고 할 수 있다.

마지막으로 도박이다. 응답의 속성상 자신의 도박성향을 속이려는 것을 감안할 때 0.61%의 숫자도 의미가 있다. 1% 이상의 사람들이 도박 중독 증세에 해당되며, 우리 사회의 도박문화를 부분적으로 나타낸다.

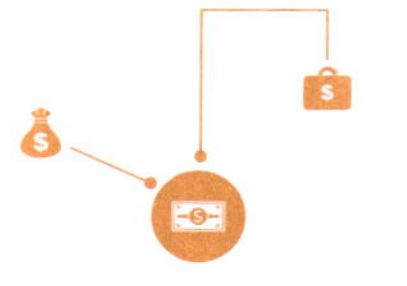

가정경제시스템 구축

돈의 문제

가정경제에서 이벤트Event란 돈이 필요한 상황을 의미한다. 예를 들어 결혼, 내집 마련, 자녀교육, 여행, 집안행사 등이다. 각종 이벤트에는 돈이 들어간다. 이때 돈이 부족하거나 없다면 가족이 돈 때문에 고통 받고 갈등을 빚을 것이다. 인생을 살면서 누구나 이 같은 수많은 사건들을 만나게 되어 있다. 이때 필요한 돈 문제를 어떻게 해결하느냐는 부자가 되는 것보다 더 중요하다.

대개의 사람들은 부자가 되면 돈 문제가 없을 것이라고 생각한다. 그렇기에 많은 사람들이 부자가 되려 하고, 전문가들도 부자를 만들어준다고 가세한다. 그런데 부자가 되는 방법이 수없이 제시되고 부자전문가가 넘치지만 왜 대부분의 사람들이 부자가 되지 못하고 인생의 이벤트를 해결하지 못해 오히려 낭패를 보는 것인가?

그 이유는 불확실한 것에 확실한 것을 의지하기 때문이다. 즉, 부자가 된다는 것은 불확실하다. 하지만 부자가 되든 안 되든 시간만 되면 예외 없이 돈 문제가 다가온다. 인생의 이벤트가 발생하기 때문이다. 이러한 인생의 이벤트 즉 돈 문제는 확실한 것이다. 결국 부자가 되는 것과는 상관없이 다가오는 돈 문제를 해결하는 것이 가장 우선순위에 있어야 하고 핵심이 되어야 한다. 사람은 태어나기 이전부터 죽은 이후까지 돈과 밀접한 관계를 가지고 산다. 그리고 누구나 예외 없이 인생을 살면서 해결해야 할 돈 문제를 가지고 있다. 많은 사람들이 자신에게 다가오는 돈 문제를 인식하지 못하고 하루하루를 살다 준비가 부족하여 심각한 문제에 봉착하게 되어 자신과 가족에게 엄청난 경제적 어려움을 겪는다.

이러한 돈의 문제에 민감한가 아닌가에 따라 재무유형과 재무행동이 결정된다. 예를 들어 유아형의 경우 다가오는 돈 문제를 인식하지 못하고 돈의 고통보다는 행복한 돈을 생각하고 현재의 기쁨과 즐거움을 좇는다. 또한 충동구매, 과소비 등은 미래에 다가오는 문제에 대한 인식이 부족한 결과이고, 저소비는 오히려 미래의 돈 문제를 너무 크게 느껴 두려움과 불안함으로 돈을 쓰지 못하게 되는 것이다. 또 일하지 않고 게으른 사람들은 자신에게 다가오는 돈 문제에 대한 인식이 없고 돈의 고통이 얼마나 고통스러운지에 둔감하거나 남에게 의지하고 피해를 주게 된다.

이처럼 재무심리에서는 돈의 위험을 얼마나 제대로 인식하고 있는지가 중요한 기준이 된다. 돈 문제를 해결해야 돈으로부터 자유롭고 나아가 부자가 될 수 있는 것이다.

재무심리상담사나 재무테라피스트는 이러한 사실을 상담자들에게 인식시키고 돈으로부터 자신과 가족을 안전하게 지키고 재무적 건강을 유지할 수 있도록 반드시 권고해야 한다. 현재 많은 사람들이 고통 받는 이유는 돈 문제를 인식하지 못하고 살다가 당하는 결과이기 때문이다.

그림 ▌생각해보기_다가오는 돈의 문제

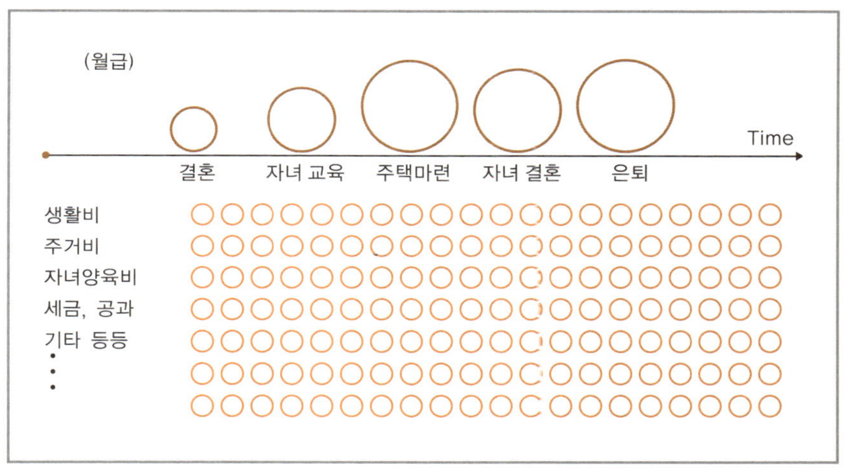

위 그림의 인식과 재무유형과 재무행동의 인과관계를 유추해보라.

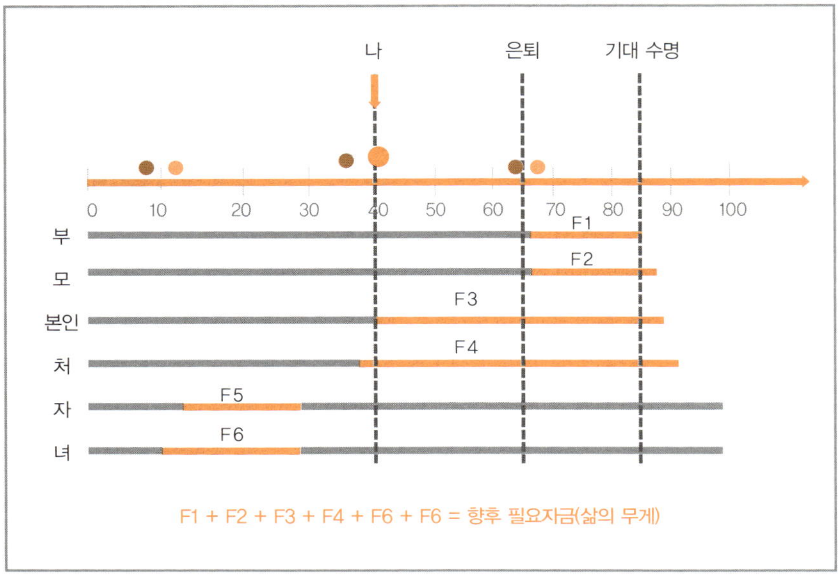

3대의 가정경제

가정경제는 비단 자기 혼자의 문제가 아니다. 그림에서 보듯이 부모 자녀까지도 연관이 되어 있다. 나의 돈 문제를 해결하지 못하면 그 영향이 결국 부모와 자녀에게까지 가는 것이다. 부모에게 자식으로서 도리를 하지 못하게 되고, 자녀가 독립할 때까지 충분히 지원해 줄 수 있어야 하는데 그렇지 못하면 자녀의 기회를 뺏는 결과를 가져온다. 심하면 가난의 대물림이 될 수도 있다.

이처럼 많은 사람들이 쉽게 "안 되면 말지" 혹은 심한 경우 "이대로 살다 죽게 놔둬"라고 말한다. 하지만 그림에서와 같이 얽힌 관계를 본다면 부모로서의 도리를 다해야 하고 자식은 자식으로서의 도리를 다해야 건강한 삶이라고 할 수 있다.

그림에서 나타난 삶의 무게를 보자. 보통은 나와 배우자만 생각하지만, 실상은 그렇지 않다. 삶의 무게는 F1+F2+F3+F4+F5+F6이다. 부모가 돌아가실 때까지, 자녀가 독립할 때까지, 자신의 남은 인생이 끝날 때까지를 모두 합해야 삶의 무게가 나온다.

가정을 꾸린 이상 해결해야 할 문제이며, 이는 곧 우리가 일을 해야 하는 이유, 돈을 모으고 미래를 준비해야 하는 이유이다. 자녀도 최대한 빨리 독립해 자기 힘으로 살아가는 것이 부모를 도와주는 것이다. 자녀는 독립이 늦어지면 늦어질수록 부모의 노후자금을 소비하고 있다는 사실을 깨달아야 한다. 이 이유 때문에 아프니까 청춘이라고 마냥 위로할 수만은 없다. 미래를 내다보는 청춘이라면 열심히 공부하고 일하여 독립적인 인생을 앞당겨야 한다.

자신의 삼각형을 그려라

가정경제의 꿈과 목표의 크기는 남의 기준이 아니라 자신의 기준이 되어야 한다. 남과 비교하여 막연히 큰 것, 좋은 것 등 화려함을 좇을 것이 아니라 가정의 경제·문화적인 차원에서 가치관에 맞게, 규모 있게, 실행가능하게 설정하는 것이 중요하다. 보이는 것이 다가 아니고 실속이 중요하다. 다음 그림에서 보듯이 큰 삼각형은 작은 삼각형보다 오히려 실속이 없고 문제를 많이 가지고 있다. 외형은 크지만 순자산보다 부채가 크다. 반

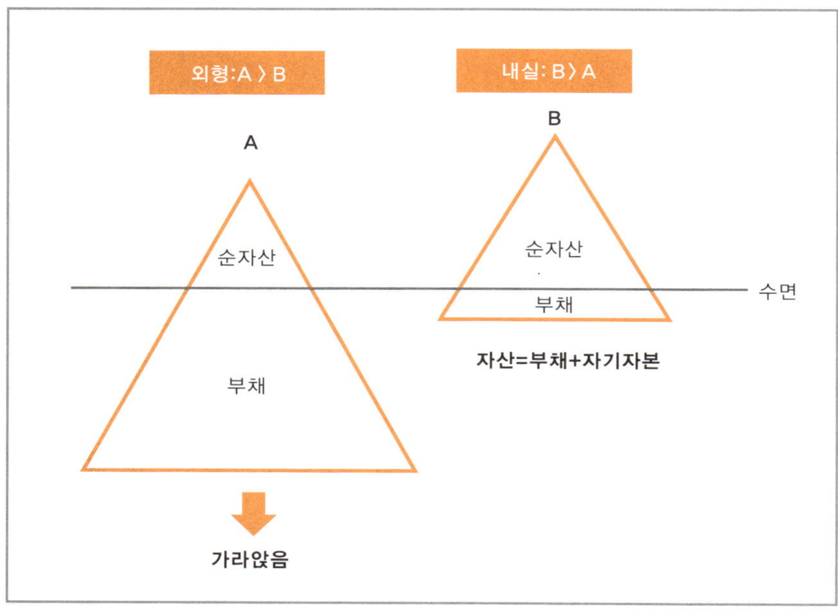

면 작은 삼각형은 외형은 작지만 부채가 거의 없어 내실이 있다. 집을 예로 들면, 평수는 넓은데 부채로 산 집과 집은 조금 작지만 부채 없이 알뜰하게 구매한 집으로 비교할 수 있다.

항상 실속 있고 튼튼한 가정경제를 목표로 해야 한다. 그것이 진정한 부자이다.

이벤트 쪼개기와 통장 쪼개기

이벤트는 가능한 많이 쪼개서 문제를 명확히 하고 그 문제를 해결하는 통장을 이벤트별로 하나씩 만들어 대응하는 것이 좋다. 통장을 3개 혹은 4개로 만들어야 한다는 법칙은 없다. 통장이 한정되어 있으면 인생의 다양한 이벤트에 1:1로 대응하기가 어려워진다. 개인의 상황에 따라 여러 개로 만들수록 문제를 보다 명확히 인식할 수 있고, 우선순위를 파악하기도 쉬워진다.

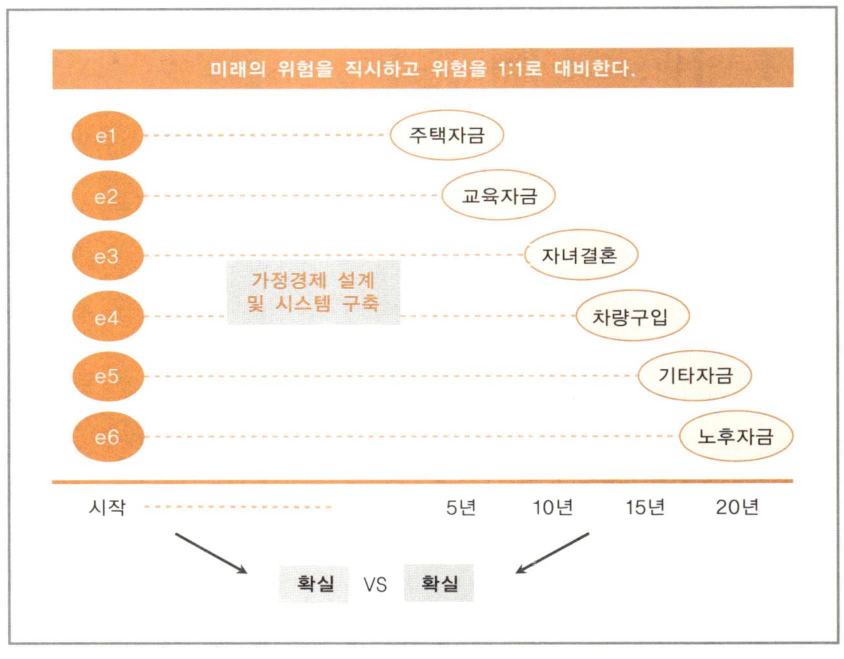

2중 안전망을 쳐라

이벤트는 '통제 가능한 이벤트'와 '통제 불가능한 이벤트'로 나누어 준비를 해야 한다. 통제 가능한 이벤트는 자신과 가족이 규정한(정해진, 계획된) 돈의 문제와 이루고 싶은 꿈이다. 이를 실현하기 위해서는 하루라도 빨리 완벽히 준비를 해야 한다. 이 통제 가능한 이벤트는 개인마다 그 숫자와 금액의 크기가 다르다.

동시에 개인이 통제할 수 없는 사망, 질병, 재해, 장해 등에 대해서도 반드시 준비가 필요하다. 아무리 이벤트와 꿈을 잘 준비하더라도 예기치 못한 사고로 모아둔 돈들을 다 써야 하는 경우가 발생하기 때문에 사전에 조그만 돈으로 큰 위험에 대비하는 보험은 반드시 필요하다. 죽고, 다치

그림 ▌행복한 가정을 위한 2중 안전망을 쳐야 한다

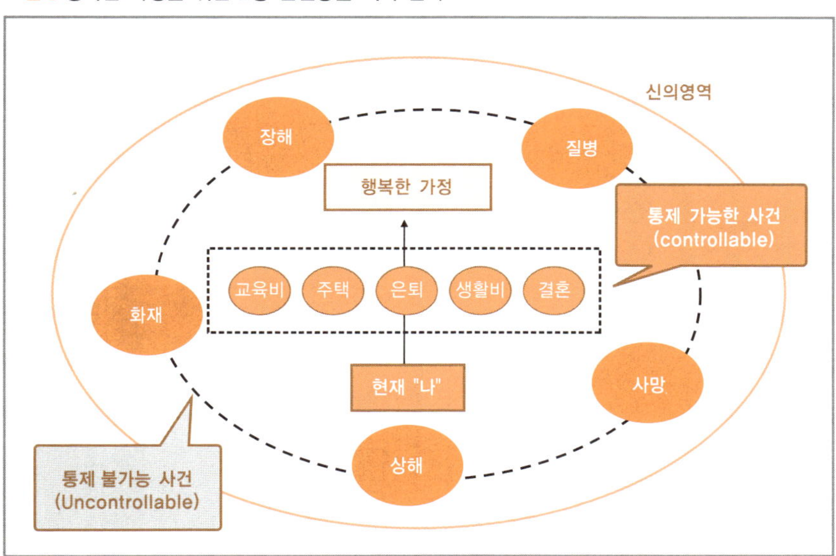

이벤트 (꿈)	내용	시기	목표자금	금융상품	월저축액	목표 수익률(년)	비고
1	비상자금	5년 후	12백만	CMA	20만원	3%	필수자금
2	자녀교육비	20년	1억	변액보험	30만원	8%	필수이벤트
3	노후자금	34년	15억원	VA	50만원	6%	필수이벤트
4	주택자금	15년	1억	변액연금	20만원	8%	필수이벤트
5	결혼자금	15년	1억	VUL	10만원	5%	필수이벤트
6	사업자금	20년	1억	통장1	15만원	8%	제2인생준비
7	가족여행	5년	1천만	통장2	1만원	3.4%	삶의 질
8	자동차구입	5년 후	2천만	통장3	1만원	3.4%	삶의 질
9	여가자금	3년 후	2천만	통장4	1만원	6%	삶의 질
10	가족자금	12년 후	1천만	통장5	3만원	6%	삶의 질
n	기타자금	–	–	–	–	–	삶의 질
희망	생명/재해/	평생	3억	생명보험	10만원		필수이벤트
보장	상해	평생	실손	손해보험	4단원		필수이벤트

고, 병들고, 재난을 당하는 것은 막을 수 없기 때문이다. 보험의 폐해가 많다고 하여 필요한 보험조차도 외면하는 것은 어리석은 행동이다. 꼭 필요한 보험은 반드시 준비해야 하며, 단 중토되거나 잘못된 보험들은 개선해 나가야 한다.

2중망을 쳤으면 우리가 할 수 있는 것은 다했다. 마지막으로 신의 영역이 존재한다. 이 영역은 보통 종교를 통해 해결한다.

이벤트별 통장

다가오는 인생의 이벤트를 미리 내다보고 거기에 맞춰 1:1로 통장을 만든 사례이다. 어려워도 반드시 시작해야 하며, 통장 금액이 목표액에 가까워 질수록 인생의 행복도 채워진다. 더하여 이벤트에 대한 돈 걱정은 그만큼 줄어들 것이다.

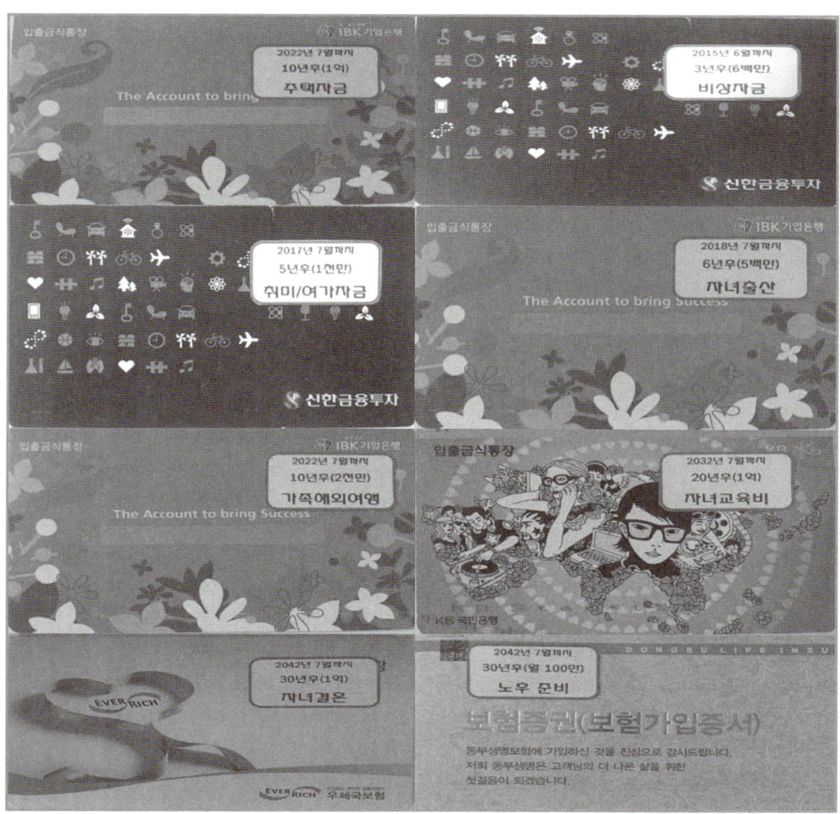

현금흐름 순서 및 체계

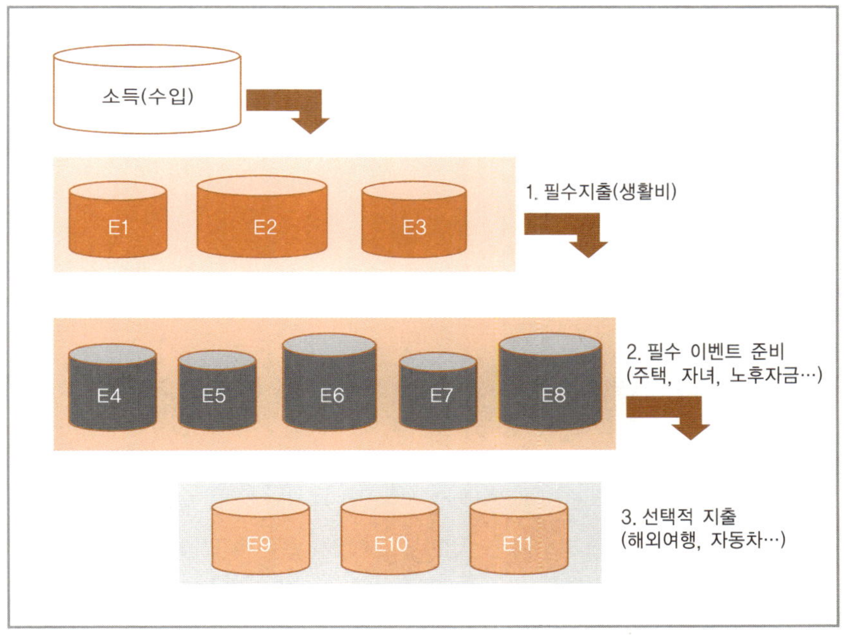

가정경제시스템이 구축되었으면 지속적인 실행이 중요하다. 지속적인 실행을 위해 수입과 지출의 체계적인 관리가 필요하고 때로는 시스템적으로 자동으로 진행되도록 하는 것이 필요하다.

돈이 들어오면 자동으로 생활비 등 필수지출에 돈이 들어가고 동시에 미래를 위해 필요한 이벤트 준비 통장으로 계획된 돈들이 먼저 들어가도록 한다. 마지막으로 남는 돈으로 여가나 재미를 위해 지출하는 체계이다.

보통은 특히 두 번째, 세 번째의 순서가 바뀌는 경우가 많다. 그러다 보니 나중에 필요한 돈이 준비가 안 되어 힘들어진다. 쓰고 놀고 먹고 살고 싶은 욕망을 따라가면 안 되는 이유가 여기에 있다. 이러한 본능을 제어하기 위해 이 시스템이 더욱 가동되어야 한다. 소비유예의 의미와 기쁨을 유념할 필요가 있다.

그리고 재무심리전문가는 고객의 소비유예와 소비절제를 위해 수시로 응원하고 함께 이겨낼 수 있도록 재무심리근육을 키우는 재무심리치료도 병행해야 한다.

재무심리 TIP

'필수 이벤트'란 반드시 일어나는 내 인생의 중요한 사건이다. 어떤 경우라도 반드시 준비를 해놓아야 한다. 반면 '선택적 지출'은 삶의 수준을 향상시키기 위한 보너스 이벤트다. 필수 이벤트에 대한 준비가 마무리 되어야만 위험 요소들이 제거되었다고 할 수 있다. '선택적 지출'의 경우 개인 취향에 따라 우선순위는 달라질 수 있다. '집은 최소한으로 유지하고, 대신 해외여행은 5년마다 한 번씩 가고 싶다'고 방향을 정했다면, 주택마련에 필요한 자금을 줄이고 해외여행에 필요한 자금에 문제가 생기지 않도록 재조정할 수 있다. 단, 주택에 대한 눈높이는 반드시 낮춰야 한다.

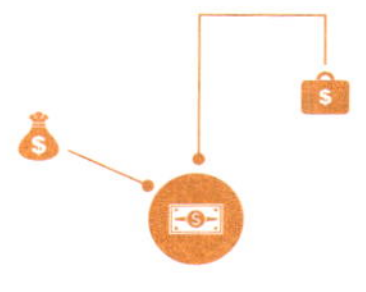

재무심리치료(financial therapy)
-재무심리를 건강하게 하는 필수 요소

돈에게 편지 쓰기

아래 글 상자에 돈에게 편지를 써보자. 반드시 '돈아!' 라고 돈을 부르며 시작해야 한다.

돈아…

진단 및 처방

당신의 편지 내용이 어디에 속하는지 체크해 보라.

- 돈과의 관계가 좋지 못하다(아픔, 고통, 후회, 분노)-(　　　)
- 돈과의 관계가 좋다(풍요, 행복, 사랑, 편리, 힘)-(　　　)
- 돈과의 관계가 균형을 이루고 있다(돈의 선과 악, 고통, 희망, 행복)-(　　　)
- 쓸 말이 별로 없다-(　　　)

자신의 답	진단	처방
1	돈에 대한 생각이 부정적이고 아픈 상처를 가지고 있다. 현재 돈이 본인의 삶에 나쁜 영향을 미치고 있는 상태이고 끌려다니고 있다.	돈의 아픔을 교훈으로 삼아 미래에는 두 번 다시 아픔을 겪지 않도록 실패 원인을 파악하고 제거해야 한다. 또한 돈 문제에 대한 대담한 생각을 가질 필요가 있다. 욕심과 체면을 버리고 빚을 없애기 위해 새출발을 하는 것이 필요하다. 재무심리를 강하게 만들어야 한다. 돈 문제 때문에 죽을 것 같지만 절대 죽지 않고 시간이 지나면 해결된다. 그리고 나보다 더한 사람이 있다는 사실을 알아야 한다. 미래의 희망을 가지고 일어나야 한다.
2	돈이란 좋은 것, 행복한 것으로 생각하고 있다. 현재 심한 돈 문제는 없는 상태이다.	돈은 행복을 가져다주지만 반대로 방심하면 엄청난 불행을 가져온다는 사실을 알아야 한다. 미래에 다가오는 자신과 가정의 돈 문제를 인식하고 철저하게 준비하는 것이 필요하다.
3	돈에 대한 생각에 균형이 잡혀 있다.	항상 돈의 나쁜 점과 위험을 제거하면서 돈을 누리고 다스리는 아름다운 부자가 되기 위해 최선의 노력을 다할 필요가 있다. 아무리 좋은 생각을 가지고 있어도 실천하지 않으면 위험에 빠질 수 있다.
4	돈에 대한 명확한 생각이 없는 상태이다.	돈의 위험에 대해 명확한 인식이 필요하고 돈에 대한 개념을 구체화 하지 않으면 살면서 돈의 고통에 빠질 수 있다.

명함의 의미

Step 1 당신의 명함을 아래 네모 상자 위에 놓아 보라.

Step 2 회사와 관련된 내용을 전부 지워보라.

(회사명, 로고, 부서, 직책, 회사주소, 홈페이지 등)

Step 3 뭐가 남았는가?

○○○

남은 것은 오직 이름 석 자뿐인가? 화려했던 회사명과 과장, 부장, 이사, 대표이사 등 자랑스러운 직책이 사라진 자신의 모습을 생각해 보라. 이름 석 자만 가지고 돈을 벌 수 있는가?

냉정한 현실을 말하자면 자신의 가치라기보다는 회사의 가치와 힘으로 돈을 벌고 있는 것이다. 회사에 불평불만을 가질 이유가 없고 오히려 회사에 충성하고 맡겨진 업무를 최선을 다해 완수해야 한다.

반면 변호사 ○○○, 회계사○○○, 세무사○○○, 박사○○○…….
회사에 관한 정보를 다 지워도 자신의 이름 앞에 붙은 것이 있다면 자신의 가치는 달라진다.

그러면 어떤 인생을 살아야 하는가? 언제라도 이름 석 자만 찍힌 명함 신세가 될 수 있다. 기분 나쁘다고, 일이 나한테 맞지 않는다고 제 발로 회사를 나올 수도 있고 아니면 회사 사정상 그만두게 될 수도 있다.

예상치 못한 날이 오기 전에 명함에 자신의 것을 새길 수 있도록 자기를 계발하고 전문성을 키워나가야 한다. 회사는 절대 내 것이 아니라 회사 오너의 것이며 회사가 평생을 책임져주지 않는다는 사실을 알고 회사도 인정하는 자신만의 가치를 준비해야 한다. 단순히 회계부서에 근무하는 직원이 아니라 회계사 자격증을 보유한 유능한 직원이 되어야 회사에서 인정도 받고, 명함에 새길 내 것도 생긴다.

자녀의 진로_학벌/기술(전문성)과 돈의 관계

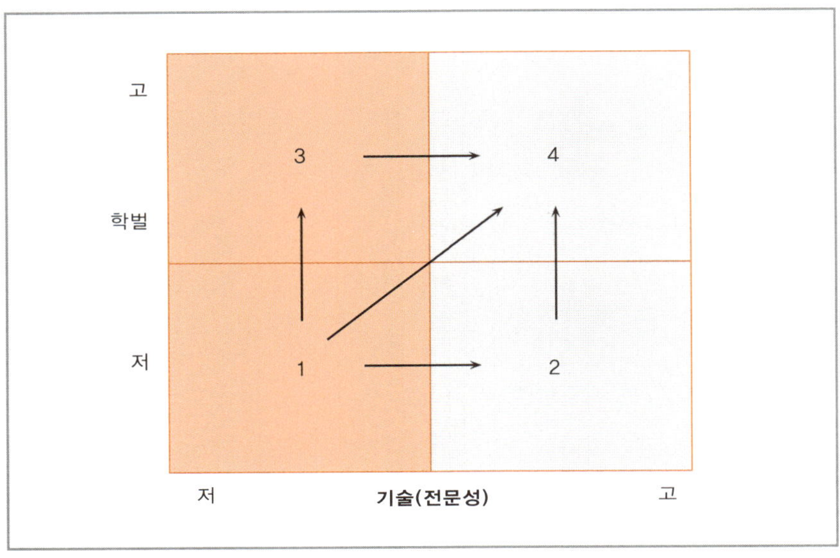

4개의 방

3번방	4번방
학벌은 높은데 차별성이 없는 사람. 대학 이상 졸업자–대부분 직장인 청년실업 문제	학벌도 높고 전문성도 높은 사람. 고급 전문직 – 교수, 법조인, 회계사, 세무사, 변리사…. 각 분야의 최고
1번방	**2번방**
배운 것도 없고 기술도 없는 사람. 저임금 노동자, 길거리 상인……	학력은 좀 낮지만 기술을 가지고 있는 사람. 기술자, 기능직, 요리사, 미용사……

4번방으로 가는 방법

누구나 4번방에 갈 자격이 있고 가야 한다. 하지만 모든 사람이 동일한 방법으로 가지는 못한다. 그 이유는 서로 재능이 다르기 때문이다. 각기 다른 재능을 가졌기 때문에 다른 일을 하며 살지만 끊임없이 노력하여 자신의 분야에 최고가 되는 것이 자신의 4번방을 만드는 것이다. 교수, 판검사가 아니더라도 미용, 요리, 예능, 스포츠 등 다양한 분야에서 최고의 전문가가 될 수 있다.

- 진로1(1번→4번)
  공부에 뛰어난 사람. 아무나 할 수 없다.

- 진로2(1번→3번)
  대학 졸업자. 직장인

- 진로3(1번→2번→4번)
  고등학교를 졸업하고 기술을 배워 그 분야에서 최고가 되는 사람.
  예) 미용사 자격을 따고 미용일을 하며 돈을 번다. 남들 다 쓰는 대학
  　　4년 등록금과 사교육비에 자신이 번 돈을 합쳐 해외유학을 가고,
  　　미용분야 학위를 받아 4번방으로 간다.

기술과 전문성은 돈을 가져온다

막대한 교육비를 지불하고 대학을 졸업했다고 해서 바로 돈을 벌 수 없다. 수많은 대졸자와 치열한 취업경쟁에서 이겨야 한다. 반면 기술을 익히면 바로 현장에서 상대적으로 적은 월급이라도 돈을 벌 수 있다. 그 분야의 기술과 전문성을 높이면 수입은 점점 커진다.

고정관념과 체면을 버리면 돈 벌고 자녀도 성공한다

초등학교 → 중학교 → 고등학교 → 대학 → 취업----고정관념
　　　　　　　　　　　　　　　　　　　취업 → 대학----혁신적 사고

현재 자신이 살고 있는 방에서 4번방으로 가는 방법

〈1번방에 있는 사람〉

- 1번 → 2번 → 4번방으로 이동

  기술을 배워 2번방으로 옮겨야 한다. 매일 노동으로 살기보다 부부 중 한 사람이라도 먼저 전문기술을 배워 2번방으로 옮겨 일정한 수입을 얻을 수 있도록 하고 나중에 다른 한 사람도 기술을 배우도록 하여 두 사람 다 안정적인 수입을 얻을 수 있도록 해야 한다. 그래야 자신이나 가정이 예측 가능한 규모의 경제를 이룰 수 있고 가난의 대물림도 막을 수 있다. 그런 다음 지속적으로 기술을 최고로 높여가고 공부하면 4번방으로 갈 수 있다.

〈2번방에 있는 사람〉

- 2번 → 4번방으로 이동

  현재의 기술과 수입에 만족하지 말고 자신의 분야에서 최고가 되기 위해 자기계발하고 학력을 채워야 한다. 3급기술자에서, 2급기술자, 1급기술자로 발전해야 수입이 증대된다.

- 3번 → 4번방으로 이동

대졸 직장인들은 현실에 안주해서는 안 된다. 직장 내에서도 끊임없이 자기계발을 하고 노력해야 성공할 수 있다. 궁극적으로 자신의 업무분야에서 최고 전문가라고 평가받을 수 있도록 필요하면 박사 코스도 밟고 자격도 따는 것이 필요하다. 내 명함의 가치를 만들어야 4번으로 옮겨 평생 전문가로 살 수 있다. 반면 평범한 직장인으로 살다가는 퇴직 후 전문성이 없는 삶을 살게 되고, 자칫 실패와 추락을 맛볼 수도 있다.

현재 최고의 전문성을 가지고 있지만 항상 겸손하고 철저한 자기관리 및 자기계발을 멈추어서는 안 된다. 지금 최고라 하더라도 언제라도 뒤바뀔 수 있는 것이 자신의 분야라는 사실을 알아야 한다.

꿈단지의 기적

**"돈이 없어서 꿈을 이룰 수 없는 것이 아니라,
꿈이 없어서 돈이 안 만들어지는 것이다."**

> **| 상담사례 |**
>
> - 53세 여.
> - 13년 전 이혼.
> - 딸(결혼, 자녀 , 아들(공익을 앞두고 있음)
> - 재정상태 : 보증금 3000만원, 월세 20만원. 월수입 150만
>   원(현재 손녀딸의 베이비시터 역할)

상담실에 찾아 온 경위는, 헤어진 남자친구로 인한 우울과 무기력, 불면증때문이었다. 상담 초기 자신의 감정을 주체하지 못하고 잠을 자지 못해 피곤해 하며 자신의 이야기를 하면서 매번 울었으나 9회의 상담을 통해 남자친구와의 관계에서 오는 우울, 무기력, 불면증은 해소되었다.

그러나 내담자의 경우 미래의 삶에 대한 계획, 즉 노후준비가 전혀 되어 있지 않아 희망이 보이지 않았다. 막연한 기대를 가지고 있는 모습에서 재정적 어려움이 닥치면 지금

보다 더 깊은 수렁에 빠질 수 있다는 판단이 들었다. 이를 인식하게 하고 npti 검사 안내와 권유를 하였다.

검사 결과 돈 쓰는 능력은 우수했고, 나누는 능력은 보통, 버는 능력과 불리는 능력은 부족했다. 내담자 스스로 자신의 꿈을 위해 어쩔 수 없는 일이라고 생각하고 있었다.

검사 결과에 대한 설명과 함께 내담자가 가지고 있는 자원에 초점을 맞춰 미래계획에 대해 도전의식을 심어주었다(내담자는 바리스타 자격증을 보유하고 있었고, 자신을 위한 유일한 사치는 커피와 관련된 잡지를 꾸준히 보고 있는 것이었다. 죽기 전에 꼭 한번 커피전문점을 내보는 소망을 가지고 있었다).

하지만 현재의 재정 상태로는 불가능. 꿈을 이루기 위한 구체적 실천방안에 대해 상담을 통해 자신의 생활패턴에서 한 주에 한두 번씩 즉석복권을 사는 습관을 발견하고 이를 꿈을 이루기 위한 마중물로 사용할 수 있다는 것에 착안, 꿈단지 만들기에 착수했다.

꿈단지를 만든 이후 매일 쌓여가는 현금으로 삶에 희망과 꿈이 생겼다. 게다가 아들이 엄마의 꿈단지에 대한 소망을 말했는데 어느 날 내담자가 동전을 넣었는데 쨍그랑 소리가 나지 않아 꿈단지를 살펴보니 1000원 지폐가 있었다. 깜짝 놀라 어떻게 된 일인가 물었더니 아들이 담배를 끊고 담배값을 넣었다는 것이다. 여기에서 아들의 건강회복에 대한 희망과 금연의 기쁨, 무엇보다 엄마와 함께 꿈을 꾸게 된 아들로 인해 기쁨이 배가되었다(아들도 엄마의 일을 적극적으로 돕겠다고 말함).

게다가 손녀딸이 할머니의 꿈단지에 대해 궁금해 하여 설명했더니 집에 가서 엄마에게 이야기했고, 내담자의 딸이 그 이야기를 듣고 엄마의 꿈에 대해 이해하고 커피점을 낼 때 자신도 도와주겠다고 약속하였다. 희망이 생기니까 손녀딸이 어린이집에 가 있는 동안 김밥집 아르바이트를 통해 꿈단지를 빨리 키우고자 하는 열망이 생겼고, 일을 해도 그다지 힘들지 않다. 현재는 모아진 일정 현금을 꼬리표를 달아 통장을 개설하였다. 하루하루 삶이 기대가 되고 살맛이 난다고 상담자에게 감사의 인사를 전해왔다.

사례 제공자: 김선영 CFT(한국재무심리센터 인증자)

은퇴는 없다

이제 100세 시대다. 100세 시대에 60세 은퇴라는 말은 어울리지 않는다. 60은 단지 인생의 두 번째 라운드로 들어서는 나이일 뿐이다. 바뀌는 것은 없다.

단지 시간 흐름의 연속이다. 지금부터 우리 인생에 은퇴라는 말을 지워버리고 늘 현역으로 살아가자. 돈을 모아 죽을 때까지 곶감 **빼먹듯** 먹다

● 전직 대기업 임원 출신의 75세 경비대장 할아버지

언제나 젊은 친구들에게 인사 잘하시고 건강하게 사시는 모습. 부럽고 진정 존경스러운 분이다. 종로3가 지하철역 할아버지들과 비교해 볼 때 아주 건강하게 인생을 사시는 긍정적인 분이다. 이런 생각을 가지고 살면 비록 은퇴자금이 부족하더라도 상관없다. 계속 일을 하며 채우면 되니까. 죽음을 기다리며 안락하게 살기보다는 죽을 때까지 건강하고 즐겁게 사회활동하며 사는 것이 필요하다.

● 한 일본 노인의 달력

우연히 본 TV프로그램. 89세 한 일본 노인의 생활을 보면서 많은 것을 느꼈다. 그 나이에도 젊은 사람처럼 건강해 보이고 일을 열심히 한다. 자신의 달력을 보여주는데, 달력의 일정이 하루도 비어 있지 않고 해야 할 일로 가득 차 있었다. 얼마나 힘찬 인생인가.

안락하게 죽어가는 노후가 아니라 건강하게 활동하며 지식과 경험을 사회에 기부하는 삶이 건강한 삶이다. 퇴직 후 등산이나 다니는 인생보다 의미 있는 일을 찾아 활동하며 작은 일이라도 하면서 돈을 버는 건강한 삶이 되어야 한다.

코끼리 만지기

앞이 보이지 않는 세 사람이 코끼리를 만지고 있다. 한 사람은 코를, 다른 사람은 발을, 그리고 나머지 한 사람은 배를 만지고 있다. 그런 다음 서로 자신이 만진 코끼리를 설명한다. 그러다가 심지어는 언성을 높인다. "그게 아니야, 틀렸어!"라며 상대방을 설득하려 한다.

만약 당신이 이 광경을 지켜보고 있다면 그들에게 어떻게 이야기해 주겠는가?

그들이 만진 것은 틀림없는 코끼리였다. 하지만 단지 부분일 뿐이다. 그들은 서로에게 "틀렸다"고 말하는 대신 "맞습니다. 하지만 그것은 부분이고 다른 부분도 있습니다"고 인정해야 한다.

현실 속에서 남과 다투고 이해되지 않는다고 등을 돌리는 것을 볼 때, 전체를 보지 못하고 부분을 전체인양 이야기하고 있다는 생각이 든다.

우리 인간은 완전한 존재가 아니다. '항상 나만 옳다'는 생각에서 벗어나 '내 생각이 부분일 수 있다'는 생각의 여지를 열어두어야 한다. 그 자체가 겸손이다. 비단 사회생활뿐 아니라 가정에서도 마찬가지다. 그래야만 성공과 행복이라는 두 개의 열쇠를 동시에 가질 수 있다.

빨간 대추

빨간 대추 안에 무엇이 들어 있을까?

대부분의 사람들은 '씨'가 들어 있다고 말한다. 조금만 더 생각해보라고 하면 '하얀 속살'이라는 대답이 돌아온다.

맞다! 하지만 성공과 행복을 위해서는 또 다른 눈이 필요하다. 빨간 대추 안에는 뙤약볕과 땀과, 비바람, 이슬, 시간 등이 들어 있다. 보이는 것 이면을 볼 수 있는 눈이 있어야 한다. 웃음 짓는 얼굴 뒤에 가려진 그 사람의 눈물을 보고 닦아주는 사람이 되어야 한다. 부자와 성공을 원한다면, 그 달콤한 열매 뒤에 감춰진 희생, 땀, 노력, 좌절, 실패, 인내 등 그 사람이 겪은 수많은 역경을 보고 부자와 성공자를 인정해야 당신도 부자와 성공자가 될 수 있다.

호수 위의 백조

호수에 유유히 떠 있는 백조. 평화롭고 느긋해 보인다. 하지만 물밑 보이지 않는 백조의 발은 끊임없이 움직이고 있다.

부자들이 골프 치며 매일 놀면서 돈 버는 것 같아 배 아파하고 부자를 멸시하는 사람이 많다. 그들에게 물어 보라. 뭐라 답할 것인가? 그들도 백조와 같다. 눈에 보이지 않을 뿐 죽을 각오로 노력하여 지금까지 왔다고 이야기할 것이며 오히려 평범한 사람들의 나태함을 질책할 것이다.

편안하게 돈을 벌고 싶지만, 그것도 편안하게 돈을 벌 수 있는 시스템이

나 환경을 만들 때까지는 남들보다 몇 배 더 노력하고 땀 흘려야 한다는 사실을 알아야 한다. 남의 성공을 시샘하기보다 그 사람의 보이지 않는 노력과 고통을 인정해 줄 때 당신도 부자와 성공자가 될 수 있다.

불편하지 않은데 왜 바꿔?

오래 전에 TV프로그램에서 탤런트 전원주씨 집을 방문하여 인터뷰하는 장면에서 진행자가 오래된 물건을 보고 "너무 오래 됐는데 왜 안 바꾸세요?"라고 질문을 했다. 그 질문에 전원주씨의 답은 "불편하지 않은데 왜 바꿔요?"였다. 그때 문득 '저분은 돈을 모으겠구나' 라는 생각이 들었다.

　많은 사람들이 불편이 기준이 아니라 편한 것을 기준으로 삼는다. 편한 것이 기준이 되면 어떤 물건이라도 보다 편하고 좋은 것이 나오면 바꿔야 하는 이유가 된다. 그래서 아파트 단지 한켠을 보면 쓸 만한 물건들이 그대로 버려진다.

　부자가 되려면 '불편하지 않으면' 으로 바꿔야 한다. 그러면 버리고 싶었던 물건들이 쓸모 있는 것들로 되살아난다. '불편하지 않게' 살면, 충동구매와 과소비가 줄어든다.

계획한 것은 쓰고 계획 안 한 것은 안 쓴다

많은 사람들이 홈쇼핑이나 마트에서 충동구매와 과소비를 일삼다가 뒤늦게 후회하고 반품하기도 한다. 스스로의 행동에 문제점을 인식하고 있으나 해결책을 찾기 어려우며 그저 고민이 될 뿐이다. 해결책이 있을까?

간단하다. 쓰기로 계획한 것은 자신 있게 쓰고 계획하지 않은 것은 안 쓰면 된다. 우선 매일매일 돈을 어떻게 쓸 것인지 계획을 세워야 한다. 그리고 그대로 실행하면 된다. 홈쇼핑을 보다가 갑자기 계획에 없던 것을 구매하니 그것이 충동구매이고 사고도 마음이 가볍지 않은 것이다.

애초부터 홈쇼핑을 계획에 집어넣으면 달라진다. 계획에 들어갔으니 홈쇼핑이 반드시 해야 하는 일이 되고 정당한 일이 되는 것이다. 그 동안 마음 졸이며 했다면 자신 있게 예산을 정해 놓고 마음먹고 쇼핑을 즐겨보는 것이 옳지 않겠는가.

당장 오늘부터 소비 계획을 짜보라. 아침 출근하면서 오늘 저녁 술 한 잔, 점심에는 어떤 메뉴, 커피 한 잔 등을 미리 계획해 보라. 그리고 나서 쓰면 충동구매가 아닌 계획구매가 되는 것이다.

부자 재무심리 근육을 키워라

부자가 되기 위해서는 빌딩 꼭대기까지 을라가야만 한다. 하지만 세상에는 2종류의 사람이 있다. 첫째 많은 무리의 사람들이 쉽고 빨리 올라가는 엘리베이터를 기다린다. 엘리베이터 앞에는 너무 많은 사람들이 대기하고 있어서 탈 기회조차 오지 않을 수도 있다. 재무심리로 보면 노력하지 않고 일확천금과 요행수로 부자가 되고 싶어 하는 사람들이다.

반면 어떤 사람들은 계단을 선택하여 힘들게 한 계단씩 올라간다. 계단

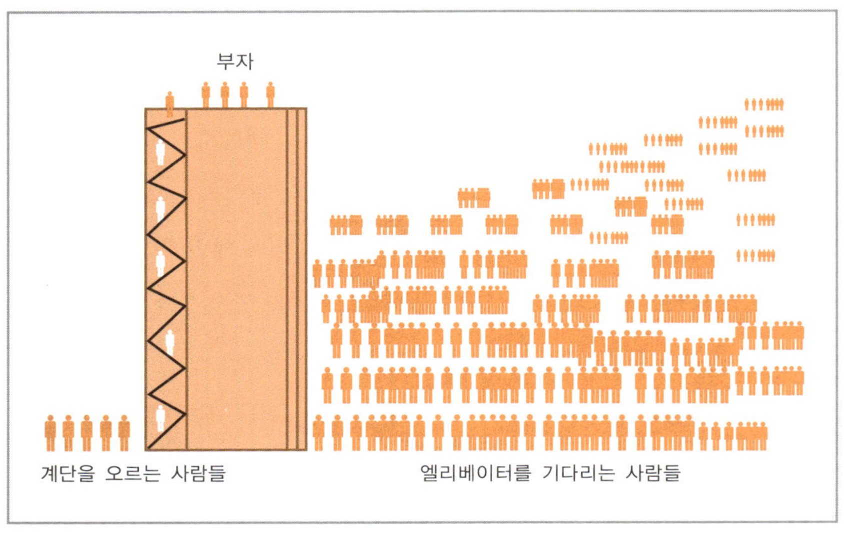

으로 올라가기 위해서는 다리 근육과 체력이 뒷받침되어야 한다.

부자가 되기 위해서는 인내와 절제가 반드시 필요하다. 남들처럼 다 즐기면서 쉽게 부자 되는 경우는 일어나지 않는다. 지금 먹고 싶어도 참을 수 있어야 하고, 지금 놀고 싶어도 참아야 한다. 소비보다는 저축을, 게으름보다는 열심히, 현재보다는 미래를, 귀차니즘을 떨치고 계획하고 작은 것까지도 챙기고 관리하는 재무심리 근육이 필요하다.

근육을 만들기 위해서는 필연적으로 아픔과 고통이 따른다. 절제와 인내로 인해 발생하는 아픔은 부자근육을 만드는 아주 좋은 징후다. 조금만 버티면 걸어서 옥상까지 올라갈 수 있는 부자가 된다. 동시에 당신의 자녀도 당신이 누리는 세상을 함께 보게 될 것이다. 오르지 못하면 절대 볼 수 없는 옥상 위의 세상을…

공짜 재무심리

다양한 마케팅 활동이 기업과 개인사업자에 의해 공짜, 무료, 재능기부 등의 이름으로 활발히 진행되고 있다. 왜 공짜로 주는 걸까? '세상에 공짜란 없다'는 격언이 그 정답이다. 공짜 뒤에는 반드시 치러야 하는 대가가 있기 때문이다. 기업이나 개인이 영업에 사용하는 시간과 노력 등은 가치를 가지고 있다. 그들은 영업을 통해 돈을 벌어야 한다. 즉 세일즈맨은 상품을 팔아야만 수입이 생긴다. 공짜 무료마케팅은 고객을 모으고 상품을 팔기 위한 우회 마케팅이라고 할 수 있다. 공짜 마케팅은 왜 행해지는가? 그것은 고객에게 직접적인 상품 마케팅이 어려워졌기 때문이다. 직접적으로 대시하면 모두가 멀어지기 때문에 자신이 팔고자 하는 상품의 가치를 다른 전달 매체를 통해 고객에게 인지시키고 인지된 고객에게 한정적으로 접근하여 상품판매를 하는 지능적인 방법을 사용한다. 혹은 시선을 다른 곳으로 돌리게 하여 올바른 구매 결정을 하지 못하고 충동구매를 하게 만드는 것이다.

지금은 이러한 우회적이고 간접적인 마케팅이 성행하고 있다. 그 이유는 우리가 상대방의 시간과 노력에 대한 대가를 지불하기보다 공짜로 지식과 노하우를 얻기를 바라는 공짜 심리가 크게 작용하고 있기 때문이다. 더욱이 아이러니한 사실은 공짜로 주면 의심하면서 공짜 마케팅에는 적극 참여한다는 것이다.

이제는 건강하고 성숙된 재무심리를 가져야 한다. 즉 정당한 컨설팅에는 대가를 지불해야 한다. 공짜로 해주는 상담은 가치가 덜하거나 상품판매에 목적이 있기 때문에 상담이 목적이 아니라 상품이 목적이 될 수밖에 없다.

자신의 상담에 돈을 달라고 하는 사람들이 있으면 그 사람들이 공짜로 해주겠다는 사람보다 질적으로 높은 서비스를 제공하고 신뢰할 수 있다는 사실을 알아야 한다. 이것이 정당한 돈이 되는 재무심리이다.

NPTI 소개

NPTI란?

NPTI는 New Plus Type Indicator의 약자로 한국재무심리센터 정우식박사가 세계 최초로 개발하고 특허출원한 재무심리진단 프로그램이다.

- 특허 출원번호 : 10-2013-0003C94
- 상표등록(상표등록번호 : 41-2013-001644)

진단영역

① 마음상태(Mind Set) 테스트(6개 영역)

② 유형(Type) 테스트(8가지 유형)

③ 장애(Disorder) 테스트(9개 영역)

④ 종합재무심리건강도

⑤ 머니스크립트(Money Script) 테스트(25개 문장)

마음상태 테스트(6개 영역)

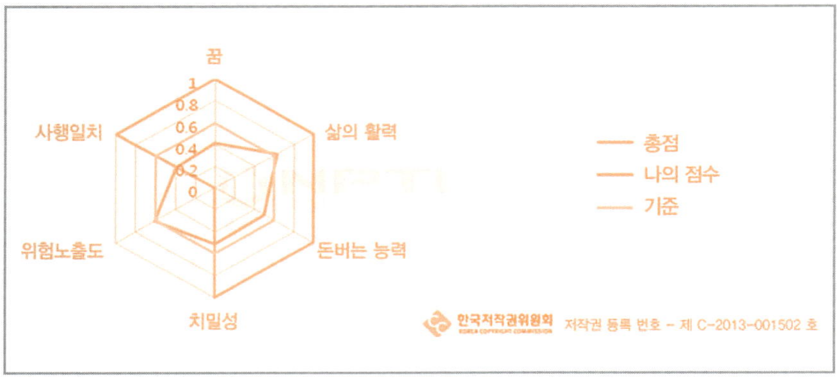

① 내면에 있는 돈에 대한 생각과 믿음, 태도를 측정하고 그에 따라 발생할 수 있는 인생의 돈에 대한 위험노출도 측정이 주된 분야이다.

② 측정 영역 : 꿈, 삶의 활력, 돈 버는 능력, 치밀성, 위험노출도, 사행일치

유형 테스트(8가지 유형)

① 개인이 가진 본능적인 돈에 대한 반응 형태가 현재 생활과 재무활동으

로 어떻게 나타나는지를 측정하여 8가지 유형으로 분류한다.

② 유아형, 모험가형, 자린고비형, 패자형, 사냥꾼형, 일확천금형, 베짱이형, 숭배형

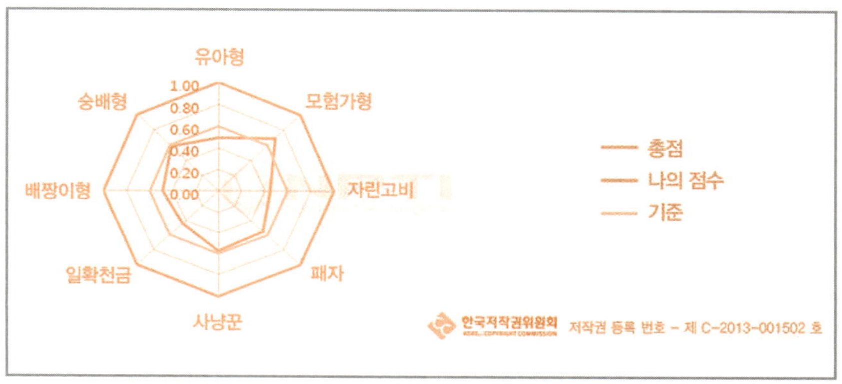

장애 테스트(9개 영역)

① 현재 재무활동 중 재무건전성에 가장 큰 악영향을 미치는 9개 항목에 대해 집중적으로 진단한다.

② 충동구매, 과소비, 저소비, 의존성, 퍼주기, 도박, 저장증, 가난의 맹세, 일중독

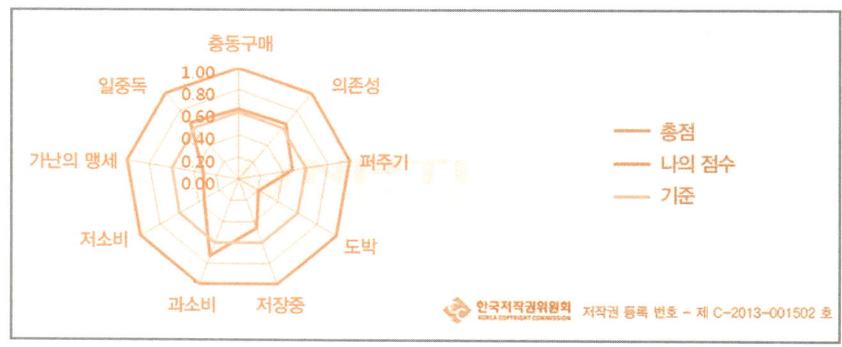

재무심리 종합건강도

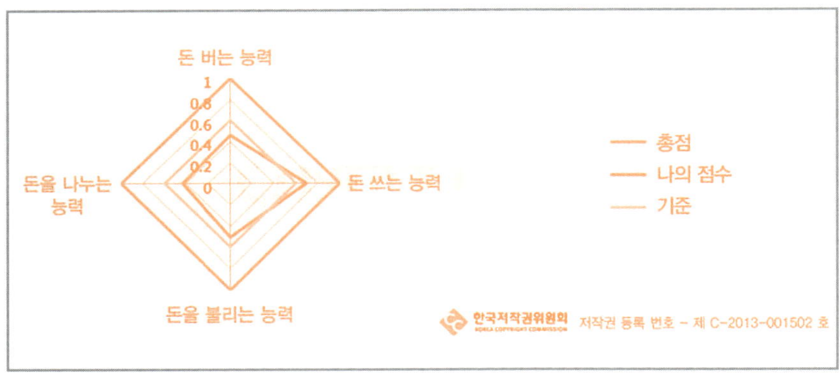

머니스크립트 테스트(25개 문장)

① 개인별 돈에 대한 고정관념을 문장으로 알아보는 진단법이다.

② 25개의 머니스크립트를 사용한다.

구분	머니스크립트
1	돈은 돌고 도는 것이다.
2	돈은 많으면 많을수록 좋다.
3	돈은 쓰기 위해 버는 것이다.
4	어떤 이유라도 빚을 지지 마라.
5	어떤 이유라도 돈을 남에게 맡기지 마라.
6	돈보다 사람이 중요하다.
7	돈을 벌기 위해선 열심히 일해야 한다.

유형별 뇌구조

재무심리 종합건강도를 통해 돈 버는 능력, 돈을 나누는 능력, 돈 쓰는 능력, 돈을 불리는 능력을 토대로 자신이 어떠한 뇌구조의 유형인지를 파악할 수 있는 유형별 뇌구조이다.

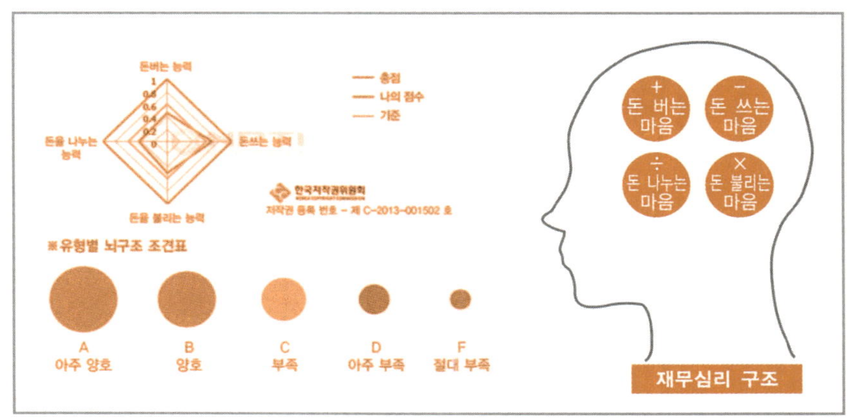

돈버는 능력
1
0.8
0.6
0.4
0.2
0
돈을 나누는 능력
돈쓰는 능력
총점
나의 점수
기준
한국저작권위원회
저작권 등록 번호 - 제 C-2013-001502 호
돈을 불리는 능력
※유형별 뇌구조 조견표
A 아주 양호
B 양호
C 부족
D 아주 부족
F 절대 부족
+ 돈 버는 마음
- 돈 쓰는 마음
÷ 돈 나누는 마음
× 돈 불리는 마음
재무심리 구조

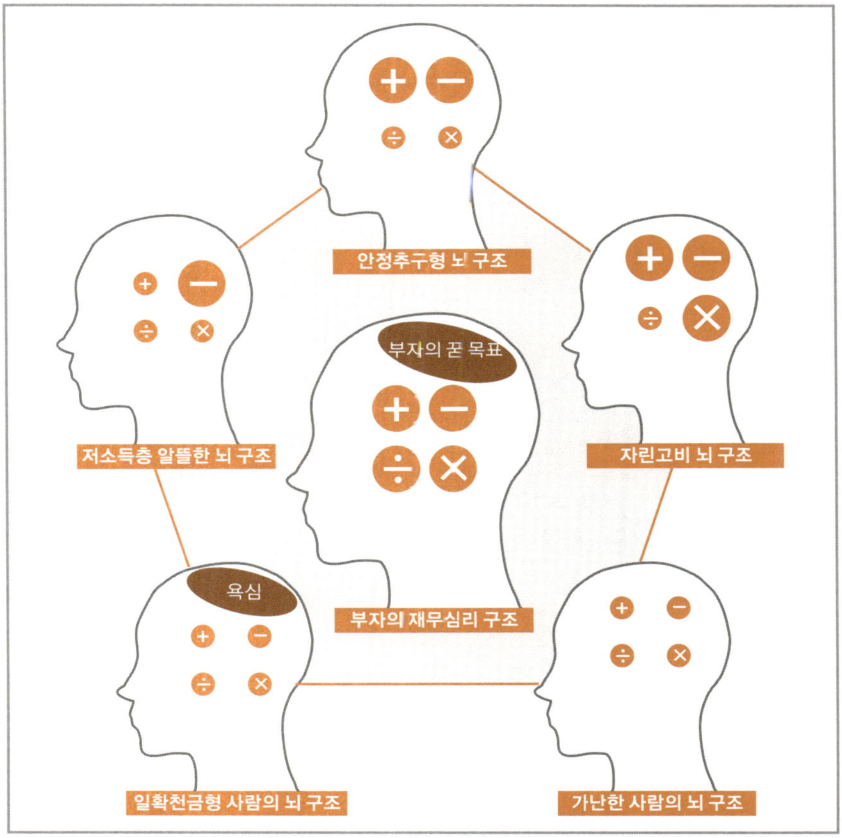

안정추구형 뇌 구조
저소득층 알뜰한 뇌 구조
부자의 꿈 목표
자린고비 뇌 구조
욕심
부자의 재무심리 구조
일확천금형 사람의 뇌 구조
가난한 사람의 뇌 구조

개인과 조직을 바꿀 새로운 富의 지도
재무심리에 답이 있다

지은이 정우식

1판 1쇄 인쇄 2014년 10월 1일
1판 1쇄 발행 2014년 10월 10일

펴낸곳 트러스트북스
펴낸이 박현

등록번호 제2014-000225호
등록일자 2013년 12월 03일

주소 서울시 마포구 서교동 성미산로2길 33 성광빌딩 202호
전화 (02)322-3409
팩스 (02)6933-6505
이메일 trustbooks@naver.com

저작권자 ⓒ정우식, 2014
이 책의 저작권은 저자에게 있습니다.
저자와 출판사의 허락없이 내용의 일부를 인용하거나 발췌하는 것을 금합니다.

값 15,000원
ISBN 978-89-953391-2-1 부가기호 13320